Hermann Hildebrand

Livonica, vornämlich aus dem 13. Jahrhundert, im vaticanischen Archiv

Hermann Hildebrand

Livonica, vornämlich aus dem 13. Jahrhundert, im vaticanischen Archiv

ISBN/EAN: 9783743651593

Hergestellt in Europa, USA, Kanada, Australien, Japan

Cover: Foto ©ninafisch / pixelio.de

Weitere Bücher finden Sie auf **www.hansebooks.com**

Дозволено цензурою.   Рига, 20. Апрѣля 1887 г.

Stablische Buchdruckerei (A. Racety, Riga, Domplatz 11/13.

Die folgenden Blätter geben Auskunft über die vom October 1885 bis zum April 1886 im Vaticanischen Archiv für livländische Geschichte des Mittelalters von mir angestellten Forschungen. Der erste Abschnitt orientirt in Betreff des dabei eingeschlagenen Weges sowie des Umfangs, in welchem die Untersuchungen abgeschlossen zu sein scheinen oder nochmals aufzunehmen wären. Es folgt ein Verzeichniss der im päpstlichen Registrum von 1198—1304 enthaltenen livländischen Urkunden; endlich ein Anhang, welcher 55 unbekannte oder doch nicht genügend bekannte, zum grössten Theile dem 13., zum geringeren dem 14. und dem Anfange des 15. Jahrhunderts angehörige Stücke im Abdruck oder auszüglich bringt.

Riga, im November 1886.

H. H.

Wer vom Petersplatze kommend die stattliche, von Pius IX. erbaute Treppe im Vaticanischen Palaste hinansteigt, dann den Damasushof und die zwei nächsten Höfe und Thorwege durchschreitet, um bei der Schweizerwache sich nach rechts wendend dem Belvedere zuzugehen, sieht sich beim Thurme des Galilei einer kleinen Thür gegenüber. Es ist der Eingang zum Vaticanischen Archiv, das Jahrhunderte lang nur wenigen Begünstigten zugänglich, neuerdings durch Papst Leo XIII. den historischen Studien freigegeben wurde.

Jene verhältnissmässig strenge Abgeschlossenheit hat indess nicht gehindert, dass aus den dort angesammelten Schätzen in älterer und neuerer Zeit auch der livländischen Geschichte reicher Stoff zugeflossen ist. Es sei hier nur an die durch Manrique, Ripoll-Bremond und Sbaralea besorgten grossen Urkundensammlungen der Cistercienser, Dominicaner und Franciscaner erinnert, an die bereits im Jahre 1682 durch Baluze — allerdings nicht unmittelbar aus dem Vaticanischen Archiv — veröffentlichten Briefe Innocenz III., die jüngst von französischer Seite unternommene Herausgabe der Register Innocenz IV., Bonifaz VIII. und Benedict XI., der sich die Publication der Erlasse Clemens V. durch die Benedictiner anschliesst, dann an die für scandinavische Geschichte ausgeführten Arbeiten Celses, Porthans und Munchs, dessen Sammlungen, soweit sie auch für Livland in Betracht kommen, jetzt in Stockholm und Kopenhagen vorliegen, endlich an Turgenews Historica Russiae Monimenta, welche für das 13. und 14. Jahrhundert vornämlich Livonica bieten, und die Vetera monumenta Poloniae et Lithuaniae von Theiner, in denen Livland in so hervorragender Weise Berücksichtigung gefunden hat.

Dass aber durch die genannten Werke der Reichthum des päpstlichen Archivs für die livländische Geschichte bereits erschöpft sei, war keineswegs anzunehmen; in weiterem Umfange als es bisher, doch mehr gelegentlich, geschehen, durfte man dort für sie zu ernten hoffen. Hat ja Livland während des Mittelalters in engerer Beziehung als die meisten nordischen Länder zur Curie gestanden, sind doch seine Geschicke, namentlich in der Zeit der Begründung des dortigen christlich-deutschen Staatswesens, in aussergewöhnlicher Weise von Rom aus beeinflusst worden. Im October 1885 traf ich in Rom ein, um unter den jetzt in so erfreulicher Weise veränderten Verhältnissen dort für das Livländische Urkundenbuch zu arbeiten. Die mir dafür zu Gebote stehende, scheinbar recht reichlich bemessene Zeit von 5—6 Monaten erwies sich freilich im Laufe der Nachforschungen als kaum genügend. Berücksichtigt man, dass, abgesehen von den grösseren Unterbrechungen zu Weihnachten, zum Carneval und zu Ostern, das Archiv an allen katholischen Kirchenfesten und einigen speciell-vaticanischen Feiertagen geschlossen bleibt, dass man dort nicht allein an den Sonntagen, sondern auch an allen Donnerstagen von seinen Werken ausruht und die tägliche Arbeitszeit nur von ¹/₂9—12 Uhr währt, so werden sich sechs vaticanische Arbeitsmonate nur etwa zweien in andern Archiven verbrachten gleichstellen lassen.

Lästige Formalitäten, die den Eintritt in das Archiv verzögern oder behindern könnten, sind nicht zu überwinden. Von Seiten des Präfecten, des Herrn Cardinals Hergenröther, kann sich jeder Forscher eines wohlwollenden Empfanges versichert halten und der gegenwärtige erste Archivar P. Denifle zeigt sich so entgegenkommend, dass er mir, trotzdem ich mit keinerlei officiellen Empfehlungen ausgerüstet war, beispielsweise gestattete, an demselben Tage, an welchem ich mein an den Papst gerichtetes Gesuch um Zulassung zum Archiv überreichte, auch schon mit den Arbeiten zu beginnen. Mit Dank habe ich es ferner anzuerkennen, dass, selbst als sich meine Untersuchungen auf das 16. Jahrhundert und über die Mitte desselben hinaus ausdehnten, mir das Verlangte stets bereitwillig ausgereicht wurde. Die einzige abschlägige Antwort, der ich mich aussetzte, betraf die Registerbände Alexander VI., „die von Sr. Heiligkeit reservirt seien." Im Ganzen gewinnt man den Eindruck, dass die Vorbehalte hier vielleicht keine grösseren sind als in andern Archiven. Allerdings darf nicht vergessen werden, dass, weil die Kataloge, soweit solche überhaupt vorhanden sind, regelmässig allein zur Verfügung der Beamten stehen, der Forscher nur Stücke erbitten kann, auf die er durch irgend einen Hinweis in der Literatur aufmerksam gemacht wurde. Um tiefer aus jenem Meere zu schöpfen, dazu bedürfte es einer ausserordentlichen Unterstützung von Seiten des Archivpersonals, die bei dem grossen zu jenen Sammlungen herrschenden Zudrang aber selbstverständlich nur denjenigen zu Theil werden kann, deren Studien mit dem Kreise der Interessen der römischen Kirche nähere Berührungen zeigen. Dass Arbeiten über livländische Geschichte dabei nicht zu jenen bevorzugten Stoffen gehören, liegt auf der Hand.

Indem ich in Betreff der allgemeinen Verhältnisse des Archivs, seiner Schicksale, Bestandtheile u. s. w. auf die namentlich aus neuerer Zeit stammende, reiche einschlägige Literatur verweise¹, berichte ich in der Kürze über den Gang, welchen meine eigenen Arbeiten nahmen.

Zunächst wandte ich mich den im Livländischen Urkundenbuche noch zu erledigenden Zeiten des 15. und 16. Jahrhunderts zu. Sämmtliche dieser Periode angehörige, bei Theiner bereits veröffentlichte livländische Stücke — abgesehen von einigen wenigen, in Folge unrichtiger Bezeichnung des Aufbewahrungsortes nicht auffindbaren — wurden, was hier ein für alle mal bemerkt sei, gelegentlich der Durchsicht der weiterhin aufzuführenden Abtheilungen einer genauen Collation unterzogen. Ein Theil der zahlreichen, jedem Benutzer auffälligen Fehler jenes Werkes erwies sich hierbei als bereits den Vorlagen angehörig; ein grösserer verdankt erst der Edition seine Entstehung; ganz unbeanstandet konnten nur wenige Nummern bleiben. Dies Resultat setzt nicht mehr in Erstaunen, nachdem man an Ort und Stelle erfahren, einen wie geringen Antheil Theiner selbst an seiner Publication genommen, wie er das Meiste untergeordneten Kräften überlassen hat. Auch in Betreff der Auswahl der Stücke wird man nicht immer einverstanden sein; aus demselben Bande ist bisweilen Geringfügigeres mitgetheilt, während Wichtigeres übergangen wurde. Keineswegs sind wir aber in der Lage deswegen mit dem Herausgeber zu rechten, sondern wollen dankbar anerkennen, dass Livonica überhaupt in so weitem Umfang aufgenommen worden sind. In jedem Falle werden uns dieselben dort in grösserer Vollständigkeit geboten, als sich irgendwie erwarten liess; in Folge dessen zeigt sich denn auch die jetzt veranstaltete Nachlese quantitativ und qualitativ unbedeutender, als vermuthet werden musste.

Die für die Geschichte des Mittelalters bei Weitem wichtigste und umfangreichste Abtheilung, das päpstliche Bullenregister, ward an erster Stelle von mir in Angriff genommen. Dasselbe enthält für die Periode von Eugen IV. bis Paul IV. oder für die Jahre 1431—1559, nach Abzug der 113 auf Alexander VI. entfallenden Bände, im Ganzen 1383 meist sehr starke Foliobände. Die Hauptschwierigkeit bei Benutzung dieses imposanten Materials besteht nun darin, dass dasselbe nicht nach topographischen Gesichtspuncten, sondern nur ungefähr chronologisch geordnet ist. Dabei steht der seiner Zeit von Pistolesius für die Sammlung angefertigte Zettelkatalog gegenwärtig dem Publicum noch nicht zu Gebote; die kurzen, einzelnen

¹) Vergl. besonders Memorie istoriche degli Archivi della S. Sede, Roma, 1825; A. Przezdziecki, Wiadomość bibliograficzna etc. S. 31 f.; Gachard, Les archives du Vatican, Bruxelles, 1874 (Bulletin de la commission royale hist. de la Belgique); Munch, Aufschlüsse über das päpstliche Archiv, übersetzt von Löwenfeld; Kerler, Italienische Archive (Sybels Hist. Zeitschrift Bd. 49 S. 261 f.); Diekamp, Die neuere Literatur zur päpstlichen Diplomatik (Hist. Jahrbuch der Görresgesellschaft 1883); Palmieri, Ad Vaticani Archivi Romanorum pontificum Regesta manuductio, Romae, 1884; Denifle, Die päpstlichen Registerbände des 13. Jahrhunderts und das Inventar derselben vom J. 1339, Berlin, 1886.

Bänden vorgesetzten Indices aber sind weder immer zuverlässig noch überall vorhanden, so dass allein die Durchsicht Blatt für Blatt möglich scheint. Die Mühe der letzteren bleibt die gleiche, mag man ein ganz beschränktes Gebiet im Auge haben oder für eine grosse Landesgeschichte sammeln. Wird dann aber der Bearbeiter der italienischen, spanischen, französischen oder englischen Geschichte durch die Fülle des für ihn sich Darbietenden geradezu in Verlegenheit gesetzt, begegnen dem Forscher für deutsche Reichsgeschichte in jedem Bande auch noch 10 oder mehr ihn interessirende Stücke, so kann der nach livländischen Sachen Suchende oft erst nach vergeblicher Durchmusterung einer ganzen Anzahl von Folianten auf einen kleinen Fund rechnen. Bei specieller Durchsicht ergaben die 26 das Pontificat Eugen IV. behandelnden Bände, abgesehen von den bei Theiner bereits mitgetheilten oder anderweitig von mir gesammelten, 1 neues Stück, die 51 Bände Nicolaus V. 8, die 32 Calixt III. 2 und die 57 Pius II. 7 unbekannte Nummern. Das Ergebniss der ganzen zeitraubenden, auf jene 166 Folianten verwandten Arbeit waren somit 13 neue Bullen, unter denen dazu die meisten von untergeordneter, nur einige von grösserer Bedeutung scheinen, während keine sich findet, deren Fehlen eine empfindlichere Lücke in unserem Urkundenbuche verursachen könnte. Verliert die Curie den Norden auch mehr und mehr aus dem Auge, nimmt sie ebenfalls Livland gegenüber im 15. Jahrhundert nicht mehr die dominirende Stellung ein wie im 13., beschränkt sie sich regelmässig darauf, an sie gebrachte Processe zu entscheiden, Bischöfe zu ernennen oder zu bestätigen, Pfründen zu verleihen und mancherlei Vergünstigungen zu ertheilen, und ist das Fehlen tiefer eingreifender Erlasse damit erklärt, so widerspricht es doch einigermassen den gehegten Voraussetzungen, dass Livland mit seinen fünf Bisthümern und seinem geistlichen Ordensstaate in jenen Bänden numerisch derart schwach vertreten erscheint. Wären bei der bisher befolgten Arbeitsweise günstigere Resultate erzielt worden, so hätte sie beibehalten werden müssen, ohne Rücksicht darauf, wie weit sie mich dieses mal führen würde; sie war aber unbedingt aufzugeben und ein kürzerer Weg einzuschlagen, nachdem sich herausgestellt hatte, dass, selbst bei Verzichtleistung auf die Ausnutzung der übrigen Abtheilungen des Archivs und bei ausschliesslicher Verwendung meiner Zeit auf das Bullenregister, aus diesem für den Rest des 15. Jahrhunderts etwa nur noch 20 kaum belangreiche Stücke zu gewinnen seien, für das 16. Jahrhundert aber, wie gelegentliche Proben ergaben, verhältnissmässig noch weniger befriedigende Ergebnisse in Aussicht ständen.

Ich durfte mich von nun an auf die Bände beschränken, welche sich auf bestimmte kürzere Zeiträume oder einzelne Jahre beziehen, in denen notorisch ein lebhafterer Verkehr zwischen Rom und Livland stattfand. Mit verhältnissmässig geringem Aufwand an Zeit wurden auf diese Weise für Sixtus IV. 8, für Innocenz VIII. 5 und für Leo X. 11 noch unbekannte

Schreiben gewonnen. Der Versuch, dies Material ein wenig dadurch zu ergänzen, dass von Paul II. bis auf Paul IV. (1464—1559) die Abtheilungen der Litterae secretae und der Litterae de Curia, in welchen sich regelmässig die wichtigeren Sachen vermuthen lassen, vollständig durchgegangen wurden, führte zu nur unbedeutenden Ergebnissen; und als endlich aus jedem einzelnen Pontificat vom Anfang des 16. Jahrhunderts an bis über die Mitte desselben hinaus eine Anzahl von Bänden mehr willkürlich herausgegriffen wurde, zeigte sich überall die äusserste Armuth an livländischen Sachen. 30 Folianten von Julius II. (die nn. 886—915) enthielten beispielsweise überhaupt keine Livonica, 44 von Clemens VII. (nn. 1238—1281) 1 Stück und 25 von Paul III. (nn. 1680—1704) ebenfalls nur 1 Stück. Hiernach konnte die Arbeit am Bullenregister abgebrochen werden in der wohlbegründeten Überzeugung, dass dasselbe auch in seinen von mir übergangenen Theilen weder zahlreiche und noch weniger besonders werthvolle Livonica berge.

In einzelne Abschnitte des grossen, im Lateran befindlichen Archivs der Dataria, welches bisher schwer zugänglich, nur wenig benutzt und auch von Theiner nicht beachtet worden ist, ward mir mühelos eine gewisse Einsicht gewährt. Von den auf etwa 2000 Bände veranschlagten Beständen desselben wurden die auf den Ausgang des 14. und das 15. Jahrhundert bezüglichen Theile zu Anfang 1886 in den Vatican transportirt und hier dem Publicum vorgelegt. Dr. O. von Falke und einige andere Mitglieder des Instituts für Oesterreichische Geschichte hatten die Gefälligkeit, bei ihren Untersuchungen über Bonifaz IX., Martin V., Eugen IV. und die folgenden Papstregierungen nebenher auch die Stücke, welche für mich Interesse boten, zu notiren. Die aus einer recht bedeutenden Bändezahl gewonnenen 9 unbekannten Nummern lieferten den immerhin schätzbaren Beweis, dass ein weiteres Eingehen auf diese Abtheilung vom Standpunct der livländischen Geschichte kaum lohnend sein dürfte.

Nach der ermüdenden Arbeit an den Bullen diente die am Register der Breven als erfrischende Abwechslung. In diesen Erlassen ist vornämlich die politische Geschichte niedergelegt; sie sind, verglichen mit den Bullen, meist von wohlthuender Kürze, ihr Stil ist elegant, nie formelhaft und weitläufig; gefeierte Humanisten unterzeichnen sich namentlich zur Zeit Leo X. als ihre Concipienten. Die Periode vom Anfang des 15. Jahrhunderts bis zum Tode Clemens VII. wird von 54 Bänden begleitet; weiterhin sind, mit ganz geringen Ausnahmen, Livonica kaum noch anzutreffen. Die Sammlung erscheint äusserlich als nichts Einheitliches: die Schreiben Martin V. erweisen sich als Copien erst aus dem 16. Jahrhundert, die Calixt III. und Pius II. als gleichzeitige Abschriften; unter Leo X. endlich sind aus den aneinander geklebten Originalconcepten Folianten von gewaltigem Format gebildet worden. Die chronologische Folge der Bände ist dabei, namentlich zu Anfang, vielfach durchbrochen. Während sich für die früheren Papstregierungen verhältnissmässig nur spärliche Trümmer erhalten haben, entfallen auf Sixtus IV. etwa 6, auf Innocenz VIII. ungefähr 4 Bände; unter Julius II., Leo X. und Clemens VII. kommt durchschnittlich auf jedes Pontificatsjahr ein grosser Band. Trotz der vorausgegangenen recht starken Benutzung durch Theiner, konnten hier wenigstens noch 15 von ihm nicht berücksichtigte Stücke vom Ende des 15. und dem Anfange des 16. Jahrhunderts gesammelt werden. Erwähnt sei aus ihrer Zahl ein Schreiben Sixtus IV. an Kaiser Friedrich III. von 1483 April 15, betreffend den Austrag der Streitigkeiten des livländischen Meisters mit dem Erzbischof und der Stadt Riga; die Gewährung verschiedener Indulgenzen, u. A. der Freiheit, alle seine in den Krieg gegen die Russen ziehenden Söldner mit dem Kreuzeszeichen zu versehen, von Seiten Julius II. an den Orden in Livland von 1506 December 4; die von Leo X. dem Erzbischof Jasper von Riga 1514 Mai 29 ertheilte Ermächtigung, alle seine Suffragane, insbesondere auch den Bischof von Dorpat, zur Leistung des ihm als Metropolitan gebührenden Eides anzuhalten.

Die Abtheilung der Litterae principum bietet in ihren ersten 14 Bänden ein nur flüchtig geordnetes, weder ganz homogenes, noch dem Titel überall entsprechendes Material, das mit 1513 beginnend, im Allgemeinen bis zur Mitte, hier und da bis an's Ende des 16. Jahrhunderts reicht. Beziehen sich die einzelnen Bände regelmässig auf ein oder ein Paar Jahre, so umfassen doch manche Zeiträume von 10, 20, ja 70 Jahren; sind in den meisten Originale aneinandergeheftet, so bestehen die späteren ausschliesslich aus Abschriften; endlich sind weder alle diese Schreiben von Fürsten ausgegangen, noch an Päpste, sondern zu gutem Theil an Cardinäle gerichtet. Von den hier gewonnenen 11 neuen Briefen wären etwa namhaft zu machen zwei des Bischofs Johann von Dorpat und Reval sowie des Erzbischofs Jasper von Riga an Clemens VII. von 1524 April 29 und Mai 7, in welchen sie sich für den Comtur von Fellin Robert de Grave verwenden — „einen treuen Sohn der Kirche und entschiedenen Gegner der lutherischen Ketzerei", der im Begriff stände, zur Erfüllung eines Gelübdes Rom, Jerusalem, St. Jacob di Compostella und das Grab des heiligen Hubert zu besuchen — und für denselben weitere Empfehlungen an den Sultan und den Dogen von Venedig erbitten[1]; sodann ein Gesuch des Erzbischofs Thomas von Riga von 1532 März 19 um Bestätigung des Electen Johann Bey von Dorpat, bei welcher Gelegenheit eine Schilderung der kirchlichen Zustände

[1] Ein drittes Fürschreiben für den Comtur, von Wilhelm Isenbroeck, Custos der Minoriten zu Lemsal, 1524 Mai 15 ausgestellt, findet sich auf der Rigischen Stadtbibliothek, Mscr. ad hist. Livoniae Bd. 13 Abthlg. 1 n. 8. — Von seiner Pilgerfahrt heimkehrend, verweilte der Comtur 1526 Mai in Süddeutschland, wie mehrere Briefe im Deutsch-Ordens-Archiv zu Wien zeigen.

in Livland und besonders im Stift Dorpat gegeben wird¹; endlich eine Unterlegung der Gebietiger des livländischen Ordens an Clemens VII. von 1532 September 29, in der sie die Erwählung eines Sohnes des Herzogs Carl von Münsterberg zum Coadjutor des Meisters Plettenberg ablehnen.

Eine der vorigen vielfach verwandte Sammlung, die Litterae episcoporum, besteht, soweit die von mir durchgesehenen elf ersten Bände in Betracht kommen, in Originalbriefen aus dem 16. und dem Anfange des 17. Jahrhunderts. Die Mehrzahl derselben ist an Päpste adressirt, doch bringen Band 5 und 6ᵃ solche an den Bischof von Terracina von 1530—1534, 8 und 9 solche an den Erzbischof von Rossano von 1559 und 1560. So interessant dies Material für die Geschichte Italiens und anderer Länder scheint, enthält dasselbe doch nicht das Geringste an livländischen Sachen.

Über das jetzt gleichfalls im Vatican befindliche alte Archiv der Engelsburg eine allgemeine Übersicht zu gewinnen, ist gegenwärtig so gut wie ausgeschlossen, da aus demselben meist nur einzelne Schreiben oder Bände, die genau bezeichnet werden müssen, nicht aber ganze Reihen derselben, welche einen Einblick in die Gesammtheit der Bestände gewähren könnten, vorgelegt werden. Jedenfalls enthalten die hier vereinigten Armarien, von denen über 40 namhaft gemacht werden, sowol ganze Sammlungen einzelner Originalurkunden und Briefe wie grosse Collectionen handschriftlicher Bücher. Zu jenen gehören die sog. Instrumenta miscellanea, unter denen sich freilich eine gesonderte Abtheilung Instrumenta miscellanea Poloniae, wie sie Theiner citirt, nicht findet; zu diesen, ausser den bereits erwähnten, in weiterem Umfange zugänglichen Brevenregistern, Bände mit Instructionen, Rechnungen u. s. w. Nach Andeutungen in der Literatur und gelegentlichen Winken anderer Forscher wurde Einzelnes, namentlich aus den Armarien 6, 11, 14, 32 und 40, herausgehoben. Der Gewinn bestand in mehreren Briefen der Bischöfe von Dorpat sowie der Erzbischöfe von Riga vom Ende des 15. und aus dem Anfange des 16. Jahrhunderts sowie in einigen Instructionen. So fand sich eine von Sixtus IV. von 1482 Mai, durch welche der Legat Erzbischof Stephan von Riga angewiesen wird, nach den furchtbaren Verwüstungen, welche Livland im vorigen Jahre durch die Moskowiter erlitten, die Bewohner der heimgesuchten Provinz zu fernerem Widerstande gegen den Feind anzufeuern und ihnen hierfür den Beistand des apostolischen Stuhles in Aussicht zu stellen; in zwei weiteren von 1488 Mai ertheilt Innocenz VIII. seinem Legaten Bischof Simon von Reval den Auftrag, sich an verschiedene Höfe zu begeben, um den Krieg gegen Moskau zu organisiren, insbesondere um beim Kaiser, einzelnen Fürsten und den livländischen Ständen auf die Herstellung des Friedens zwi-

---

¹) Der Anfang dieses Schreibens findet sich Band 9 fol. 335 und 342, der Schluss Band 7 fol. 37.

schen dem Orden und der Stadt Riga hinzuwirken und darauf ein Bündniss Polens und Dänemarks mit Livland gegen Johann III. zu Stande zu bringen. Da die Untersuchungen für jene spätere Periode damit für vorläufig abgeschlossen gelten konnten, verwandte ich die mir noch zu Gebote stehende Zeit auf das 13. Jahrhundert. Von einigen Cameralrechnungen, die keine Livonica ergaben, abgesehen, beschränkt sich hier die Arbeit auf das Bullenregister. 52 Bände desselben, d. h. die nn. 4—51, dazu n. 7A, 21A, 25A und 29A, wurden durchgesehen und damit der Zeitraum von Innocenz III. bis auf Benedict XI. oder die Jahre 1198—1304 vollständig erledigt. Den letztgenannten Zeitpunct zu überschreiten, war insofern ausgeschlossen, als die nächstfolgenden, Clemens V. betreffenden Bände schon seit mehreren Jahren den Benedictinern zur Veröffentlichung übergeben und damit anderweitigem Gebrauche entzogen sind; die grosse Reihe der von Johann XXII. vorhandenen Bände aber noch in Angriff zu nehmen, schien die Zeit ungenügend. Dass, trotz vielfacher früherer Benutzung gerade der Register des 13. Jahrhunderts, die Arbeit hier sich noch immer als lohnend erwies und neben Stücken von geringerer Bedeutung einige von ausserordentlichem Werthe neu zu gewinnen waren, wird sich weiter unten ergeben.

In die Acten aus dem 14. und dem Anfange des 15. Jahrhunderts gründlichere Einsicht zu nehmen, war nicht mehr möglich. Ich musste mich begnügen, einzelne Urkunden, auf die ich von Freunden aufmerksam gemacht wurde, meinen Sammlungen einzureihen und mit dem für livländische Geschichte noch nie verwertheten und auch von Theiner ganz bei Seite gelassenen Supplikenregister mich etwas näher bekannt zu machen. Dasselbe ist zwar nur noch für eine verhältnissmässig kurze Periode vorhanden, umfasst aber für die Pontificate Clemens VI., Innocenz VI. und Urban V. (1342—1370) 22, beziehentlich 17 und 10, dazu für die Zeiten der Gegenpäpste Clemens VII. und Benedict XIII. 30, beziehentlich 23 Folianten allergrössten Formats. Da die Eingaben, versehen mit der päpstlichen Entscheidung, in sehr knapper Form in jene Bände eingetragen zu werden pflegten, findet sich schon auf jeder Seite eine sehr bedeutende Zahl derselben; in ihrer Gesammtheit stellen sie ein wahrhaft grossartiges Material für die Kirchengeschichte, insbesondere die kirchliche Personalgeschichte, jener Zeiträume dar. Dass auch die livländischen Prälaten, namentlich die damals meist am Hofe von Avignon verweilenden Erzbischöfe von Riga, auf jenen Blättern häufig begegnen, ergiebt bereits eine flüchtige Durchsicht der letzteren.

Um es nochmals kurz zusammenzufassen, sind also bisher die Arbeiten bis zum Jahre 1304 vollständig durchgeführt, die für die Zeit von 1431 bis über die Mitte des 16. Jahrhunderts soweit erledigt, als es überhaupt oder wenigstens unter den gegenwärtigen Verhältnissen der Mühe lohnte, während die dazwischen liegende Periode von 1305—1430 noch der Erforschung harrt. Ob die auf sie entfallenden mehr als 300 Registerbände sehr wesentliche Ergebnisse liefern werden, ist nicht im Voraus zu bestimmen; jedenfalls aber wird sich aus den Suppliken reichlich ernten lassen.

Entsprechend dem Fortschreiten des Livländischen Urkundenbuches soll die Ausbeute von 1436 an veröffentlicht werden; die aus der früheren Zeit, welche einen Nachtrag zu den bisher erschienenen Bänden jenes Werks bildet, glaubte ich schon jetzt vorlegen zu müssen.

An erster Stelle folgt ein Verzeichniss sämmtlicher im Registrum von 1198—1304 enthaltenen, auf Livland bezüglichen Bullen, welches 204 Nummern aufweist. Dasselbe gewährt, da damals nicht alle, sondern nur die wichtigsten der ausgehenden Erlasse aufgenommen wurden, zunächst eine Übersicht über die ihrer Zeit von der Curie für besonders bedeutungsvoll gehaltenen Schreiben; zugleich aber soll es practischen Zwecken dienen. Ist in Bezug auf viele — beispielsweise alle aus Baluze und die Mehrzahl der aus Turgenew und Theiner — ins Livländische Urkundenbuch übergegangene Bullen auch von vornherein ersichtlich, dass dieselben dem Registrum entstammen, so wäre das Aufsuchen eines Stückes in letzterem doch häufig recht zeitraubend, da die Angaben über den Fundort nicht immer genau sind, jedenfalls mit der jetzigen Citirweise für die Registerbände nicht übereinstimmen. Nicht wenige Bullen aber sind im Urkundenbuche nach späteren Copien abgedruckt worden, während sie, wie sich jetzt zeigt, auch im Registrum vorhanden sind; hat doch selbst Turgenew mehrere im Registrum anzutreffende Stücke nicht diesem, sondern Abschriften der Nunziatura di Polonia oder Albertrandis entnommen. Das gelieferte Verzeichniss wird also in vielen Fällen das Zurückgehen auf die Quelle erleichtern, in andern auf eine bisher unbekannte beachtenswerthe Vorlage aufmerksam machen. Da es sich ausschliesslich um bereits veröffentlichte oder im Anhang ausführlich mitgetheilte Stücke handelt, konnten die Inhaltsangaben möglichst kurz gehalten werden. Von Drucken ist regelmässig nur der im Livländischen Urkundenbuche oder der sonst zunächstliegende angeführt; die weiteren sind aus Potthasts Regesta pontificum Romanorum leicht zu ersehen. Gemäss der Anordnung im Registrum ist die Reihenfolge nicht durchgehend eine streng chronologische; wenn auch auf kein verflossenes Jahr, wird doch bisweilen auf frühere Monate oder Tage zurückgegriffen. Dem entsprechend ist ebenfalls im Anhange einige mal ein jüngeres Stück vor ein etwas älteres zu stehen gekommen.

Der Anhang bringt zunächst 47 im Verzeichniss aufgeführte Nummern, die unbekannt oder nicht in erforderlicher Vollständigkeit oder ungenügend veröffentlicht sind oder, wennschon befriedigend publicirt, sich doch der Aufmerksamkeit unserer Historiker entziehen könnten, theils im Abdruck, theils im Regest. So sind beispielsweise Bullen, welche in den neuen und bei uns noch kaum allgemein zugänglichen französischen Ausgaben der Register

14

Innocenz IV., Bonifaz VIII. und Benedict XI. vorkommen, mitaufgenommen, wenn auch meist nur auszüglich. Ebenso glaubte ich vier Livland betreffende Stücke, die jüngst von Rodenberg in den Monumenta Germaniae historica mitgetheilt wurden, nicht ausschliessen zu müssen, besonders da zwei derselben (nn. 2 und 14) in vollständigerer oder theilweise etwas genauerer Fassung gebracht werden konnten, eins (n. 5) nur im Regest folgt und eins (n. 1) ein solches an Länge kaum übertrifft.

Jenen 47 Nummern sind dann 8 noch unbekannte aus dem 14. und dem Anfange des 15. Jahrhunderts angeschlossen, die gelegentlich gesammelt wurden.

Livländische Urkunden im Päpstlichen Registrum von 1198—1304.

Band 4.

fol. 186 ᵇ n. 186. P. Innocenz III. an die Christen in Sachsen und Westfalen: Sicut ecclesiastice lesionis; 1199 Oct. 5. — Livl. UB. 1 n. 12.

Band 5.

f. 146 ª n. 139. P. Innocenz III. an den EBf. von Bremen, seine Suffragane und die Prälaten der bremischen Kirchenprovinz: Etsi verba evangelizantium; 1204 Oct. 12. — UB. 1 n. 14.

Band 8.

f. 33 ᵇ n. 136. P. Innocenz III. an den Bf. Albert von Riga: Cum inter te; 1210 Oct. 20. — UB. 1 n. 16.

f. 34 ª n. 137. Ders. an den Meister Wolcuin und den Schwertbrüderorden: Cum super sorte; 1210 Oct. 20. — UB. 1 n. 17.

f. 79 ᵇ n. 149. Ders. an dieselben: Gratias eximias bonorum; 1212 Jan. 25. — UB. 1 n. 24.

f. 160 ᵇ n. 119. Ders. an den Abt, Prior und Custos vom Berge des h. Nicolaus: Cum olim dilecti; 1213 Oct. 10. — UB. 1 n. 27.

f. 161 ª n. 120. Ders. an den EBf., Decan und Propst von Lund: Cum eo faciente; 1213 Oct. 11. — UB. 1 n. 29.

f. 161 ª n. 121. Ders. an den Abt, Prior und Kellner vom Berge des h. Nicolaus: Cum pastores ecclesie; 1213 Oct. 11. — UB. 1 n. 28.

f. 161 ª n. 122. Ders. an den Abt von Gotland und die Pröpste von Nortland und Sutherland: Quoniam nimis dispendiosum; 1213 Oct. 11. — UB. 1 n. 31.

f. 161 ª n. 123. Ders. an den Schwertbrüderorden: Cum a nobis; 1213 Oct. 11. — UB. 1 n. 30.

f. 161 ª n. 124. Ders. an die Christen in Sachsen: Quoniam juxta sententiam; 1213 Oct. 30. — UB. 1 n. 32.

f. 161ᵇ n. 125. Ders. an den Bf. von Münster: Ab eo, qui; 1218 Oct. 30. — UB. 1 n. 33.

f. 161ᵇ n. 126. Ders. an die Prälaten Sachsens: Ad vestram jamdudum; 1218 Oct. 30. — UB. 1 n. 34.

f. 161ᵇ n. 127. Ders. an den Bf. von Estland: Commissi nobis officii; 1213 Oct. 31. — UB. 1 n. 35.

f. 161ᵇ n. 128. Ders. an den Schwertbrüderorden: Etsi cunctis fidelibus; 1213 Oct. 31. — UB. 1 n. 36.

f. 161ᵇ n. 129. Ders. an den Bf. von Estland: Cum in memoria; 1213 Nov. 2. — UB. 1 n. 37.

Band 9.

f. 49ᵇ n. 197. P. Honorius III. an den Grafen Albert von Holstein: Ab aquilone revelata; 1217 Jan. 25. — UB. 1 n. 39; jetzt auch M. G. H., Epistolae saec. XIII. e regestis pontif. Roman. ed. Rodenberg 1 n. 13.

f. 102ᵇ n. 420. Ders. an den EBf. von Magdeburg; 1217 Apr. 26. — S. Anhang n. 1.

f. 157ᵇ n. 655. Ders. an den Bf. von Livland: Cum in partibus; 1217 Sept. 30. — UB. 1 n. 40.

f. 247ᵃ n. 1038. Ders. an den EBf. von Bremen; 1218 Apr. 30. — S. Anhang n. 2.

f. 247ᵃ n. 1039. Ders. an denselben: Cum secundum sapientis; 1218 Apr. 30. — UB. 1 n. 41; Rodenberg, l. c. 1 n. 63.

Band 10.

f. 135ᵇ n. 583. P. Honorius III. an das Capitel von Bremen: Grave gerimus et; 1219 Oct. 26. — UB. 1 n. 44.

f. 135ᵇ n. 584. Ders. an den Bf. von Livland: Cum a nobis; 1219 Oct. 28. — UB. 1 n. 45.

f. 135ᵇ n. 585. Ders. an den Kg. von Dänemark: Ut te christiane; 1219 Oct. 29. — UB. 1 n. 46.

f. 136ᵃ n. 589. Ders. an den Bf. von Livland: Cum personam tuam; 1219 Nov. 7. — UB. 1 n. 47.

f. 169ᵃ n. 689. Ders. an den Bf. von Reval: Cum zelo caritatis; 1220 März 19. — UB. 1 n. 49.

f. 169ᵇ n. 690. Ders. an die Aebte und Pröpste der Cistercienser und anderer Orden: Cum venerabilis frater; 1220 März 19. — UB. 1 n. 50.

f. 172ᵇ n. 701. Ders. an die Aebte, Prioren und Pröpste der Cistercienser und anderer Orden: Etsi non sit; 1220 Apr. 18. — UB. 1 n. 51.

f. 172ᵇ n. 702. Ders. an die Bischöfe von Livland, Selonien und Leal; 1220 Apr. 18. — S. Anhang n. 3.

Band 11.

f. 109ᵇ. P. Honorius III. an den EBf. von Magdeburg; 1221 Apr. 21. — S.
Anhang n. 4.

f. 188ᵃ n. 181. Ders. an die Christen in Sachsen; 1222 Jan. 18. — S.
Anhang n. 5.

f. 196ᵇ n. 219. Ders. an den Bf. von Selonien sowie den Abt und Prior
vom Berge des h. Nicolaus; 1222 Febr. 8. — S. Anhang n. 6.

f. 196ᵇ n. 220. Ders. an dieselben; 1222 Febr. 8. — S. Anhang n. 7.

f. 196ᵇ n. 221. Ders. an den Abt und Prior vom Berge des h. Nicolaus;
1222 Febr. 8. — S. Anhang n. 8.

f. 196ᵇ n. 222. Ders. an die Richter in Livland: Ex parte venerabilis; 1222
Febr. 8. — UB. 1 n. 55 (durch Vermittelung Turgenews nach einer
Copie Albertrandis).

Band 12.

f. 23ᵇ. P. Honorius III. an den Bf. von Livland; 1223 Jan. 27. — S. Anhang n. 9.

f. 130ᵇ n. 139. Ders. an EBf. und Capitel von Bremen: Grave gerimus et;
1223 Dec. 21. — UB. 1 n. 57.

f. 130ᵇ n. 140. Ders. an den Bf. von Livland; 1223 Dec. 23. — S. Anhang n. 10.

f. 131ᵃ n. 141. Ders. an die Bischöfe von Selonien und Leal; 1223 Dec. 23.
— S. Anhang n. 11.

f. 157ᵃ n. 228. Ders. an den Abt von Riddagshausen: Cum dilectus filius;
1224 Jan. 28. — UB. 1 n. 58.

Band 13.

f. 17ᵇ n. 96. P. Honorius III. an die Christen in Russland: Legistis, ut cre-
dimus; 1224 Nov. 16. — UB. 1 n. 66.

f. 24ᵃ n. 129. Ders. an alle Erzbischöfe, Bischöfe und sonstige Prälaten:
Cum is, qui; 1224 Dec. 31. — UB. 1 n. 69.

f. 24ᵇ n. 130. Ders. an die bekehrten Liven und Preussen: Ecclesia Romana,
que; 1225 Jan. 3. — UB. 1 n. 71.

f. 26ᵇ n. 144. Ders. an den Bf. von Modena, apostolischen Legaten: Spe-
rantes, quod aperiente; 1225 Jan. 9. — UB. 1 n. 72.

f. 100ᵃ n. 125. Ders. an denselben; 1225 Nov. 19. — S. Anhang n. 12.

f. 150ᵃ n. 393. Ders. an den Schwertbrüderorden: Vestra Deo et; 1226
Nov. 27. — UB. 1 n. 91.

f. 150ᵃ n. 394. Ders. an die Stadt Riga: Ea, que judicio; 1226 Nov. 19. —
Turgenew, Hist. Russiae monimenta 1 n. 18, danach Regest UB. 1, Regg.
S. 25 n. 102; jetzt auch gedr. Rodenberg, l. c. 1 n. 318.

f. 151ᵃ n. 401. Ders. an den Schwertbrüderorden: Ea, que judicio; 1226
Dec. 10 (4. idus Decembris). — UB. 3 n. 93ᵃ; jetzt auch Rodenberg,
l. c. 1 n. 326.

2

18

f. 151ᵇ n. 402. Ders. an denselben: Ea, que judicio; 1226 Dec. 10. — UB.
3 n. 92ᵃ.

f. 151ᵇ n. 403. Ders. an den Bischof von Riga: Magister et fratres; 1226
Dec. 10. — Strehlke, Tabulae ordinis Theutonici n. 240; Regest UB.
3, Regg. S. 6 n. 104ᵃ.

f. 152ᵃ n. 406. Ders. an die Stadt Riga: Ea, que judicio; 1226 Dec. 11. —
UB. 1 n. 93ˡ.

f. 162ᵃ n. 483. Ders. an die russischen Fürsten: Gaudemus in Domino;
1227 Jan. 17. — UB. 1 n. 95.

f. 162ᵃ n. 484. Ders. an die deutschen Bürger von Wisby: Etsi cunctos
Christifideles; 1227 Jan. 17. — UB. 1 n. 94.

Band 15.

f. 2ᵃ n. 6. P. Gregor IX. an den Cardinaldiacon Otto, päpstlichen Legaten;
1230 Apr. 4. — S. Anhang n. 13.

f. 70ᵃ n. 15. Ders. an Propst und Capitel von Riga: Cum ecclesia vestra;
1231 Apr. 8. — UB. 1 n. 108.

f. 150ᵇ n. 172. Ders. an den Bf. von Semgallen: Cum in minori; 1232
Jan. 28. — UB. 1 n. 115; Rodenberg, l. c. 1 n. 461.

f. 151ᵃ n. 173. Ders. an denselben, päpstlichen Legaten: Quanto personam
venerabilis; 1232 Febr. 5. — UB. 1 n. 123.

f. 151ᵇ n. 174. Ders. an denselben: Fraternitati tue presentium; 1232 Febr.
3. — UB. 1 n. 121.

f. 151ᵇ n. 175. Ders. an Bf., Capitel und Bürger von Riga sowie an den
Schwertbrüderorden: Cum venerabilem fratrem; 1232 Febr. 4. — UB.
1 n. 122.

f. 151ᵇ n. 176. Ders. an dieselben: Universitati vestre presentium; 1232
Febr. 3. — UB. 1 n. 120.

f. 151ᵇ n. 177. Ders. an die Bischöfe von Riga und Leal, den Schwertbrüderorden und die Bürger von Riga: Ad nostram noveritis; 1232
Jan. 30. — UB. 1 u. 117; Rodenberg, l. c. 1 n. 462.

f. 152ᵃ n. 178. Ders. an den Bf. von Semgallen: Fraternitati tue per; 1232
Jan. 30. — UB. 1 n. 116.

f. 153ᵃ n. 181. Ders. an denselben: Cum ecclesia in; 1232 Febr. 3. — UB.
1 n. 119.

f. 153ᵃ n. 182. Ders. an denselben: Cum ecclesia in; 1232 Febr. 3. — UB.
1 n. 118.

---

¹) Im Reichsarchiv zu Stockholm findet sich diese Urkunde in einer Copie des 14. Jahrh.
auf Pergament (vgl. Schirren, Verzeichniss S. 2 n. 6) mit folgender Schlussbemerkung:
Scriptum in primo quaterno registri 11. anni domini Honorii pape 3.

f. 155ᵃ n. 185. Ders. an die Neubekehrten in Curland: Solet annuere etc.;
1232 Febr. 11. — UB. 1 n. 124; Rodenberg, l. c. 1 n..463.

f. 155ᵇ n. 186. Ders. an die Neubekehrten von Bandowe, Wanneman und
von der Windau: Solet annuere etc.; 1232 Febr. 11. — Turgenew,
l. c. 1 n. 32 (danach Regest im UB. 1, Regg. S. 34 n. 139); Rodenberg, l. c. 1 n. 464.

Band 17.

f. 9ᵇ n. 37. P. Gregor IX. an den Propst von Tiel sowie den Scholaster
und Tresler von St. Severin in Cöln; 1233 Apr. 22. — S. Anhang
n. 14.

f. 11ᵇ n. 50. Ders. an den Bf. von Semgallen; 1238 Apr. 25. — S. Anhang n. 15.

f. 13ᵇ n. 57. Ders. an Bf. und Capitel von Semgallen; 1233 Apr. 20. —
S. Anhang n. 16.

f. 13ᵇ n. 58. Ders. an die Missionare in Preussen: Venerabili fratre nostro; 1233 Apr. 18. — UB. 3 n. 128ᵃ.

f. 150ᵃ n. 555. Ders. an den päpstlichen Legaten, Bf. Wilhelm; 1234 Febr.
15. — S. Anhang n. 17.

f. 150ᵇ n. 557. Ders. an den Bf. von Semgallen; 1234 Febr. 9. — S. Anhang n. 18.

f. 150ᵇ n. 558. Ders. an die Christen in Livland, Preussen, Gotland u. s.
w.: Ineffabilis dispositio creatoris; 1234 Febr. 21. — UB. 1 n. 132;
Rodenberg, l. c. 1 n. 575; beide nach Raynald und mit dem Eingang:
Quoniam, ut ait.

f. 151ᵃ n. 559. Ders. an den Bf. von Semgallen; 1234 Febr. 9. — S. Anhang n. 19.

f. 204ᵃ n. 204. Ders. an Propst, Decan und Cantor von Halberstadt: Signi-
ficavit nobis populus; 1234 Aug. 30. — UB. 1 n. 137.

f. 235ᵃ n. 339. Ders. an den Bf. von Leal sowie die Pröpste von Dorpat
und Riga; 1234 Nov. 20. — S. Anhang n. 20.

f. 235ᵇ n. 340. Ders. citirt den Bf. Nicolaus von Riga, den Orden der
Schwertbrüder, die rigischen Bürger sowie gewisse benannte Personen
auf 1235 Sept. 8 nach Rom; 1234 Nov. 20. — S. Anhang n. 21.

Band 18.

f. 105ᵇ n. 369. P. Gregor IX. an den päpstlichen Legaten, Bf. Wilhelm:
Licet episcoporum translatio; 1236 Febr. 5. — Turgenew, l. c. 1 n. 42
(nach einer späten Copie in der Nunziatura di Polonia); Regest UB.
1, Regg. S. 39 n. 160.

f. 108ᵃ n. 382. Ders. an denselben: Ne terra vaste; 1236 Febr. 15. —
UB. 1 n. 144; Rodenberg, l. c. 1 u. 671.

2*

f. 110ᵇ n. 388. Ders. an denselben: Venerabilibus fratribus nostris; 1236 Febr. 23. — UB. 1 n. 145 (durch Vermittelung Turgenews nach einer Copie in der Nunziatura di Polonia).

f. 140ᵃ n. 19. Ders. an denselben: Venerabilis fratris nostri; 1236 März 22. — UB. 1 n. 146.

f. 143ᵃ n. 30. Ders. an denselben: Ex parte karissimi; 1236 Apr. 10. — UB. 1 n. 147.

f. 158ᵃ n. 88. Ders. an deuselben: Cum exultatione spiritus; 1236 Mai 30. — Voigt, Cod. dipl. Pruss. 1 n. 47; Rodenberg, l. c. 1 n. 690 (nach Raynald).

f. 286ᵃ n. 64. Ders. an die Bischöfe von Riga, Dorpat und Oesel: Grato dilectorum filiorum; 1237 Mai 14. — UB. 1 n. 149; Rodenberg, l. c. 1 n. 705.

f. 286ᵃ n. 65. Ders. an den päpstlichen Legaten, Bf. Wilhelm: Grato dilectorum filiorum; 1237 Mai 14. — Turgenew, l. c. 1 n. 54; vgl. UB. 1, Regg. S. 42 n. 168.

f. 286ᵇ n. 66. Ders. an denselben: De unione, que; 1237 Mai 13. — UB. 1 n. 150.

f. 363ᵇ n. 427. Ders. an denselben: Cum lux vera; 1238 März 9. — UB. 1 n. 158.

f. 364ᵃ n. 428. Ders. an denselben: Ex parte tua; 1238 März 8. — UB. 1 n. 157.

f. 366ᵇ n. 456. Ders. an denselben: Ex parte karissimi; 1238 März 13. — UB. 1 n. 159.

f. 366ᵇ n. 457. Ders. an den EBf. von Bremen, den Abt zu St. Marien und den Propst von St. Georg in Stade; 1238 März 13. — S. Anhang n. 22.

f. 368ᵇ n. 467. Ders. an dieselben; 1238 März 13. — S. Anhang n. 23.

Band 20.

f. 33ᵃ n. 185. P. Gregor IX. an den EBf. von Lund und seine Suffragane: Ad similitudinem Dei; 1240 Dec. 14. — UB. 1 n. 167; Rodenberg, l. c. 1 n. 796.

Band 21.

f. 23ᵇ n. 134. P. Innocenz IV. an den Deutschen Orden in Livland: Ea, que judicio; 1243 Sept. 24. — UB. 1 n. 175.

f. 28ᵃ n. 162. Ders. an den Prior der Predigerbrüder in Deutschland: Qui justis causis; 1243 Sept. 23. — Theiner, Vet. Monumenta Poloniae etc. 1 n. 77; UB. 1 n. 174 (Ausfertigung an die Predigerbrüder in Wisby).

f. 154ᵇ n. 295. Ders. an den päpstlichen Legaten, Bf. von Sabina: Negotium fidei, pro; 1245 Febr. 5. — UB. 1 n. 180.

f. 159ᵃ n. 344. Ders. an den EBf. von Lund und seine Suffragane: Insur-
gentibus contra fidem; 1245 Febr. 20. — UB. 1 n. 183.

f. 159ᵇ n. 345. Ders. an den Kg. von Dänemark; 1245 März 2. — S. Anhang n. 24.

f. 159ᵇ n. 346. Ders. an denselben; 1245 Febr. 24. — S. Anhang n. 25.

f. 159ᵇ n. 347. Ders. an den EBf. von Lund und die Bischöfe von Roskild und Arhus; 1245 Febr. 24. — S. Anhang n. 26.

f. 164ᵇ n. 377. Ders. an den Deutschen Orden: Justis petentium deside-
riis; 1245 Febr. 9. — UB. 1 n. 182.

f. 257ᵇ n. 315. Ders. an den EBf. von Livland und Preussen; 1245 Dec.
13. — S. Anhang n. 27.

f. 264ᵃ n. 377. Ders. an die Suffragane des EBf. von Preussen u. s. w.:
Illius patrisfamilias provocati; 1246 Jan. 10. — UB. 1 n. 188.

f. 268ᵇ n. 416. Ders. an den EBf. von Preussen, Livland und Estland:
Eterni regis victoriosum; 1246 März 19. — UB. 6 n. 3018.

f. 270ᵃ n. 437. Ders. an denselben: Cum operosi sollicitudo; 1246 März
30. — Ripoll-Bremond, Bullarium ord. fratr. praedicatorum 1 S. 159
n. 130.

f. 270ᵇ n. 443. Ders. an denselben; 1246 März 30. — S. Anhang n. 28.

f. 272ᵇ n. 457. Ders. an die Pröpste von Salzburg und Berchtesgaden:
Cum operosi sollicitudo; 1246 März 30. — v. Goetze, Albert Suerbeer
S. 170 n. 2; vgl. UB. 3, Regg. S. 14 n. 211ᵇ.

f. 275ᵇ n. 476. Ders. an die Christen in Russland: Cum is, qui; 1246
Mai 3. — v. Goetze, l. c. S. 171 n. 3; vgl. UB. 3, Regg. S. 14 n. 214.

f. 276ᵃ n. 478. Ders. an den EBf. von Preussen u. s. w., päpstlichen Legaten:
Cum is, qui; 1246 Mai 3. — UB. 1 n. 191.

f. 276ᵃ n. 479. Ders. an denselben: Ut commissum tibi; 1246 Mai 3. —
UB. 1 n. 190 (durch Vermittelung Turgenews nach einer Copie Albertrandis).

f. 276ᵃ n. 480. Ders. an den Kg. [Daniel] von Russland: Cum te ac; 1246
Mai 3. — Turgenew, l. c. 1 n. 62.

f. 276ᵃ n. 481. Ders. an denselben: Cupientes tuis votis; 1246 Mai 3. —
Turgenew, l. c. 1 n. 63.

f. 276ᵃ n. 482. Ders. an den Predigerbruder Alexius und seinen Genossen:
Cupientes carissimi in; 1246 Mai 3. — Turgenew, l. c. 1 n. 64.

f. 276ᵃ n. 484. Ders. an den EBf. von Preussen u. s. w.; 1246 Apr. 26. —
S. Anhang n. 29.

f. 276ᵃ n. 485. Ders. an denselben; 1246 Apr. 22. — S. Anhang n. 30.

f. 285ᵃ n. 531. Ders. an denselben: Vigiles corde reddimur; 1246 Mai 5. —
Voigt, l. c. 1 n. 68.

f. 285ᵃ n. 532. Ders. an denselben: Decet per apostolice; 1246 Mai 5

(3. nonas Maji anno 3). — Übereinstimmend mit der zu 1245 Nov. 8
(6. idus Novemb. anno 8) bei Ripoll-Bremond, L c. 1 S. 157 n. 121
abgedruckten Bulle; vgl. Potthast S. 1014 n. 11957.

f. 310ª n. 10. Ders. an Bf. und Capitel von Riga: Justis petentium desi-
deriis; 1246 Juli 14. — UB. 1 n. 193.

f. 327ᵇ n. 138. Ders. an den EBf. von Preussen u. s. w.: Decet per apostolice; 1246 Oct. 6. — Theiner, L c. 1 n. 87.

f. 354ᵇ n. 340. Ders. an denselben; 1246 Dec. 23. — S. Anhang n. 31.

f. 450ª n. 87. Ders. an denselben; 1247 Juli 9. — S. Anhang n. 32.

f. 450ª n. 88. Ders. an denselben; 1247 Juli 16. — S. Anhang n. 33.

f. 459ᵇ n. 175. Ders. an denselben: Devotionis tue precibus; 1247 Aug. 28. —
Turgenew, L c. 1 n. 70.

f. 459ᵇ n. 176. Ders. an denselben: Cum tibi tam; 1247 Aug. 28. — Turgenew, L c. 1 n. 71.

f. 460ᵇ n. 188. Ders. an denselben: Sicut omnes, quos; 1247 Sept. 7. —
UB. 1 n. 195.

f. 460ᵇ n. 189. Ders. an die Bischöfe von Schwerin und Ratzeburg: Cum
venerabili fratri; 1247 Sept. 2. — Hartzheim, Concilia Germaniae 3 S.
578; vgl. Potthast S. 1068 n. 12680.

f. 462ᵇ n. 207. Ders. an den EBf. von Preussen u. s. w.: Exigentibus tue
devotionis; 1247 Sept. 7. — Turgenew, L c. 1 n. 73.

f. 465ª n. 236. Ders. an denselben; 1247 Oct. 1. — S. Anhang n. 34.

f. 486ᵇ n. 376. Ders. an den Kg. von Dänemark: Benivolentie specialis
affectum; 1247 Nov. 26. — UB. 3 n. 195ª.

f. 486ᵇ n. 377. Ders. an den EBf. von Lund: Benivolentie specialis affectum; 1247 Nov. 2. — Liljegren, Svenskt diplomat. 1 n. 343; vgl.
Potthast, S. 1072 n. 12735.

f. 495ª n. 452. Ders. an den EBf. von Livland u. s. w.: Ex parte venerabilis; 1247 Dec. 5. — UB. 6 n. 3020.

f. 507ᵇ n. 597. Ders. an den Bf. von Curland: Licet terre sancte; 1248
Febr. 20. — Meerman, Geschiedenis van Willem van Holland 5 S. 39;
vgl. UB. 6, Regg. S. 12 n. 222ᶜ.

f. 553ª n. 20. Ders. an den EBf. von Preussen: Ex parte carissimi; 1247
Nov. 17. — Meerman, L c. 5 S. 15; vgl. Potthast S. 1073 n. 12749.

f. 553ᵇ n. 26. Ders. an die Erzbischöfe von Gnesen und Preussen und ihre
Suffragane: Quia corporali presentia; 1247 Nov. 19. — Theiner, L c. 1 n. 94.

Band 21 A.

f. 12ª n. 137. P. Innocenz IV. an den Grossfürsten Alexander von Now-
gorod: Aperuit Dominus oculos; 1248 Sept. 15. — Theiner, L c. 1 n.
96; vgl. UB. 3, Regg. S. 16 n. 233ª.

f. 56ᵃ n. 210. Ders. an den EBf. von Livland: Pro devotionis tue; 1248
Sept. 17. — UB. 1 n. 200.

f. 56ᵇ n. 211. Ders. an denselben (EBf. von Preussen): Ex parte tua; 1248
Sept. 17. — Voigt, l. c. 1 n. 76; vgl. Potthast S. 1096 n. 13025. ;

f. 137ᵃ n. 348. Ders. an denselben: Dedisse tibi dicimur; 1249 Febr. 11. —
Theiner, l. c. 1 n. 97.

f. 312ᵃ n. 629. Ders. an den Bf. von Oesel: Quia perversi difficile; 1248
Oct. 5. — UB. 1 n. 201.

Band 22.

f. 16ᵇ n. 92. P. Innocenz IV. an den EBf. von Preussen: Dudum, ut a;
1250 Sept. 27. — UB. 1 n. 214.

f. 55ᵃ n. 399. Ders. an die Predigerbrüder in Livland: Cum dilecti filii;
1251 März 7. — UB. 6 n. 3024.

f. 68ᵃ n. 486. Ders. an den Deutschen Orden in Preussen: Ea, que judicio;
1251 März 9. — UB. 1 n. 220.

f. 69ᵃ n. 492. Ders. an den EBf. von Livland, die Bischöfe von Riga und
Curland u. s. w.: Que de speciali; 1251 März 14. — UB. 1 n. 222.

f. 113ᵃ n. 1. Ders. an den Kg. von Litauen: Multa cor nostrum; 1251
Juli 17. — Theiner, l. c. 1 n. 102.

f. 113ᵃ n. 2. Ders. an die Bischöfe von Oesel und Curland: Multa cor
nostrum; 1251 Juli 17. — UB. 1 n. 225.

f. 113ᵃ n. 3. Ders. an den Bf. von Culm: Multa cor nostrum; 1251 Juli 17. —
Theiner, l. c. 1 n. 104.

f. 113ᵃ n. 4. Ders. an denselben: Ad hec semper; 1251 Juli 17. — Theiner,
l. c. 1 n. 105.

f. 113ᵇ n. 5. Ders. an die Bischöfe von Riga, Dorpat und Oesel: Spiritu
exultante percepimus; 1251 Juli 26. — UB. 1 n. 226.

f. 113ᵇ n. 6. Ders. an den Bf. von Culm: Exquisite diligentie studium;
1251 Juli 15. — Theiner, l. c. 1 n. 101.

f. 283ᵇ n. 788. Ders. an den EBf. von Livland: Carissimus in Christo;
1253 Juni 24. — UB. 6 n. 2733.

Band 23.

f. 14ᵃ n. 129. P. Innocenz IV. an die für Livland und Preussen predigenden
Dominicaner: Fidei negotium in; 1253 Aug. 23. — UB. 1 n. 257.

f. 63ᵃ n. 488. Ders. an den Bf. von Dorpat; 1254 Febr. 5. — S. Anhang n. 35.

f. 70ᵃ n. 514. Ders. an den EBf. von Livland u. s. w.: Cum te olim; 1254
März 10. — UB. 1 n. 262.

f. 83ᵇ n. 3. Ders. an denselben: Landabile testimonium, quod; 1254 Jan. 20. —
v. Goetze, l. c. S. 178 n. 8; vgl. UB. 3, Regg. S. 19 n. 292ᵇ.

f. 93ᵃ n. 665. Ders. an den EBf., die Bischöfe und Prälaten in Livland
u. s. w.: Attentione vigili debent; 1254 Mai 19. — UB. 1 n. 268.

f. 124ᵇ n. 863. Ders. an den EBf. von Riga: Dignum est, quod; 1254
Mai 28. — Meerman, l. c. 5 S. 184; vgl. Potthast S. 1266 n. 15898.

f. 170ᵃ n. 178. Ders. an den Bf. von Naumburg: Inclinati precibus carissimi; 1254 Sept. 3. — UB. 1 n. 273.

f. 175ᵇ n. 212. Ders. an den Bf. Christian von Litauen: Inclinati precibus
carissimi; 1254 Sept. 20. — Theiner, l. c. 1 n. 121; vgl. UB. 6, Regg.
S. 16 n. 310ᵃ.

f. 176ᵇ n. 221. Ders. an den Deutschen Orden in Livland: Cum a nobis;
1254 Sept. 20. — UB. 1 n. 276.

Band 24.

f. 22ᵃ n. 176. P. Alexander IV. an Vitus, ehemaligen Bf. von Litauen;
1255 März 1. — S. Anhang n. 36.

f. 29ᵇ n. 220. Ders. an den Kg. von Litauen: Catholice fidei cultum; 1255
März 6. — Theiner, l. c. 1 n. 123, 1.

f. 29ᵇ n. 220ᵃ. Ders. an denselben: Catholice fidei cultum; 1255 März 6.
— Theiner, l. c. 1 n. 123, 2.

f. 43ᵇ n. 291. Ders. an den EBf. von Riga und seine Nachfolger: Cum
universis ecclesie; 1255 März 31. — UB. 1 n. 282.

f. 44ᵇ n. 294. Ders. an denselben: Que laudem conditoris; 1255 März 19.
— UB. 1 n. 281 (nach Raynald, bei dem der Eingang weggelassen
ist).

f. 50ᵇ n. 342. Ders. an denselben: Primatuum cathedras et; 1255 Jan. 20.
— UB. 1 n. 279.

f. 79ᵇ n. 543. Ders. an denselben: Ex parte tua; 1255 Aug. 3. — UB. 3
n. 288ᵇ.

f. 84ᵇ n. 564. Ders. an den Minoriten Bartholomaeus von Böhmen: Nuper
ad audientiam; 1255 Aug. 6. — Theiner, l. c. 1 n. 126.

f. 191ᵃ n. 367. Ders. an den Provincialprior der Predigerbrüder in Deutschland: Qui justis causis; 1256 März 11. — Theiner, l. c. 1 n. 137;
vgl. UB. 6, Regg. S. 17 n. 325ᵃ.

f. 191ᵇ n. 367, 2. Ders. an die Bischöfe von Culm und Curland: Qui justis
causis; 1256 Aug. 21. — Ripoll - Bremond, l. c. 1 n. 119; vgl.
UB. 6, Regg. S. 150 n. 327ᵇ.

Band 25.

f. 97ᵇ n. 784. P. Alexander IV. an den Deutschen Orden: Veros Christi
martires; 1257 Oct. 16. — UB. 1 n. 316.

f. 241ᵇ n. 28. Ders. an den Deutschen Orden in Livland und Preussen:
Vix absque lacrimis; 1260 Febr. 20. — Sbaralea, Bullarium Franciscanum 2 n. 535; vgl. UB. 6, Regg. S. 20 n. 384ᵃᵃ.

f. 241ᵇ n. 28ᵇ. Ders. an die Priesterbrüder Deutschen Ordens; 1260 Febr. 20. — S. Anhang n. 37.

f. 242ᵇ n. 34. Ders. an den Deutschen Orden: Operis evidentia declarante; 1260 Jan. 25. — UB. 1 n. 345.

f. 243ᵃ n. 35. Ders. an denselben: Virtutis divine subsidio; 1260 Jan. 25. — UB. 1 n. 348.

f. 243ᵃ n. 35ᵇ. Ders. an denselben: Operis evidentia declarante; 1260 Jan. 25. — UB. 1 n. 346.

f. 252ᵃ n. 89. Ders. an den EBf. von Riga: Favoris nostri provenire; 1260 Juli 7. — UB. 6 n. 3030.

Band 26.

f. 72ᵃ n. 76. P. Urban IV. an den Bf. von Ermland, päpstlichen Legaten: In nostra sollicite; 1263 März 5. --- UB. 3 n. 374ᵃ.

Band 28.

f. 1ᵃ n. 3. P. Urban IV. an Trugot, Electen von Reval: Ecclesia Revaliensi dudum; 1263 Sept. 13. — UB. 1 n. 379.

f. 1ᵇ n. 4. Ders. an den Bf. von Ripen: Inclinati precibus T[hrugoti]; 1263 Sept. 17. — Porthan, Bullar. access. S. 49 n. 4; vgl. UB. 1, Regg. S. 104 n. 427.

f. 26ᵃ n. 81. Ders. an den Bf. Trugot von Reval: Ecclesia Revaliensi dudum; 1264 Jan. 13. — Porthan, l. c. S. 52 n. 16; vgl. UB. 1, Regg. S. 104 n. 428.

Band 29.

f. 277ᵃ n. 208. P. Urban IV. an den Bf. von Reval; 1264 Jan. 3. — S. Anhang n. 38.

f. 285ᵃ n. 246. Ders. an den Propst von Riga; 1264 Jan. 21. — S. Anhang n. 39.

Band 37.

f. 157ᵃ n. 65. P. Gregor X. an den EBf. Johann von Riga; 1274 Nov. 5. — S. Anhang n. 40.

Band 43.

f. 63ᵇ n. 229. P. Honorius IV. an den EBf. J[ohann] von Riga; 1286 Jan. 10. — S. Anhang n. 41.

f. 204ᵃ n. 3. Ders. an den Bf. Johann von Tusculum, päpstlichen Legaten: Subit assidue nostre; 1286 Mai 31. -- Theiner, l. c. 1 n. 180; vgl. UB. 6, Regg. S. 26 n. 565ᵃ.

Band 44.

f. 127ª n. 67. P. Nicolaus IV. an den Bf. Bernhard von Dorpat: Exigentibus tue devotionis; 1290 Febr. 16. — UB. 6 n. 2757.

Band 47.

f. 26ª n. 107. P. Bonifaz VIII. an den [E]Bf. Johann von Riga; 1295 Apr. 18. — S. Anhang n. 42.

f. 116ᵇ n. 512. Ders. an seinen Caplan Isarn, päpstlichen Nuntius; 1295 Nov. 5. — S. Anhang n. 43.

Band 49.

f. 38ᵇ n. 174. P. Bonifaz VIII. an den Bf. Heinrich von Reval: In supreme dignitatis; 1298 Apr. 20. — UB. 6 n. 2761.

f. 38ᵇ n. 174ᵇ. Ders. an den Kg. von Dänemark: Gratie divine premium; 1298 Apr. 20. — UB. 6 n. 2762.

f. 105ᵇ n. 429. Ders. an den Hochmeister D. O.: Fidedignis relatibus intellecto; 1299 Jan. 7. — UB. 1 n. 577.

f. 106ª n. 430. Ders. an den EBf. von Riga und den Bf. von Oesel: De statu et; 1299 Jan. 7. — UB. 1 n. 578.

f. 171ª n. 164. Ders. an den EBf. von Riga sowie die Bischöfe von Dorpat und Oesel: Paganorum orrenda perfidia; 1299 März 18. — UB. 1 n. 581.

f. 182ª n. 210. Ders. an den Deutschen Orden in Livland: Nuper ex parte; 1299 Juni 13. — UB. 1 n. 582.

f. 312ᵇ n. 197. Ders. an den livländischen OM. Gotfrid; 1300 Mai 4. — S. Anhang n. 44.

f. 363ᵇ n. 384. Ders. an den EBf. Isarn von Riga: In excelso sedis; 1300 Dec. 19. — UB. 1 n. 592 (Ausfertigung an die Bewohner der Stadt und Diöcese Riga).

f. 364ª n. 385. Ders. an denselben: Cum palleum, plenitudinem; 1300 Dec. 19. — UB. 6 n. 2765.

Band 50.

f. 27ª n. 109. P. Bonifaz VIII. an den EBf. Isarn von Riga: Attendentes laudanda tue; 1301 Apr. 9. — UB. 6 n. 2767.

f. 28ᵇ n. 115. Ders. an den Deutschen Orden in Livland: Manet nostri pectoris; 1301 Apr. 18. — UB. 3 n. 604ᵇ.

f. 30ᵇ n. 125. Ders. an den EBf. Isarn von Riga; 1301 Mai 12. — S. Anhang n. 45.

f. 90ᵇ n. 339. Ders. an den Bf. von Reval: Ex parte tua; 1301 Dec. 7. — UB. 1 n. 591 (zu 1300).

f. 197ᵇ n. 177. Ders. an Isarn, Electen von Lund: Romani pontificis, quem; 1302 Apr. 11. — Annaler for Nordisk Oldkyndighed 1860 S. 159; vgl. UB. 6, Regg. S. 201 n. 691ᵇ.

Band 51.

f. 93ᵃ n. 396. P. Benedict XI. an Friedrich, Electen von Riga; 1304 März 3. — S. Anhang n. 46.

f. 116ᵃ n. 502. Ders. an den EBf. Friedrich von Riga: Dum ad universas; 1304 März 21. — UB. 2 n. 609 (Ausfertigung an die Bewohner der Stadt und Diöcese Riga); Regest bei Grandjean, Le Registre de Benoit XI Bd. 1 S. 385 n. 594.

f. 186ᵃ n. 816. Ders. an denselben; 1304 Mai 11. — S. Anhang n. 47.

Anhang.

1. *P. Honorius III. an den EBf. Albert von Magdeburg: unterwirft die durch den EBf. in Livland zu bekehrenden Gebiete dessen Metropolitanrechte.* Rom, 1217 Apr. 26.

Aus dem Registrum Honorius III. Bd. 9 fol. 102ᵇ n. 420.
Gedr.: daraus M. G. H., Epistolae saec. XIII. e regestis pontif. Roman. ed. Rodenberg 1 n. 30. — Vgl. Potthast S. 2080 n. 25928.

A[lberto] archiepiscopo Magdeburgensi.

Considerantes devotionis fervorem, quam ad apostolicam sedem geris, et labores, quibus te ac tuos exponis pro dilatatione Christiane fidei, attendentes, presentium auctoritate statuimus, ut terra, quam in Livonia tuis et tuorum sumptibus et laboribus ad Christi fidem ipso adjuvante convertes, Magdeburgensi ecclesie metropolitico jure subsit. Nulli ergo etc. nostre constitutionis etc. Si quis autem etc. Datum Laterani 6. kalendas Maji pontificatus nostri anno primo.

2. *P. Honorius III. an den EBf. von Bremen: verweist ihm seine Versuche, den Bf. von Livland seiner Metropolitangewalt zu unterwerfen.* Rom, 1218 Apr. 30.

Aus dem Registrum Honorius III. Bd. 9 fol. 247ᵃ n. 1038.
Gedr.: daraus Rodenberg, l. c. 1 n. 62, mit Weglassung des angefügten, an die Executoren gerichteten Briefes.
Vgl. Potthast n. 5769.
Bei der Erneuerung des Befehls 1223 Dec. 21 (UB. 1 n. 57) wird offenbar auch auf vorstehende Bulle Rücksicht genommen.

. . Bremensi archiepiscopo.

Cum novella plantatio non concutienda sit nec alias durius contrectanda, set potius leniter confovenda, non sine causa miramur, quod, sicut venerabilis frater noster Livonensis episcopus transmissa nobis conquestione monstravit, tu eum jure tibi metropolitico subicere gestiens, ipsum multipliciter inquietas, qui debueras potius caritatis officio manum eidem in omnibus porrigere adjutricem. Nolentes igitur prefatum episcopum super hoc a quoquam temere perturbari, ne, quod absit, in acquirendo populum Domino remissior redderetur, si laborante ipso alius laborem ejus eo intraret invito, fraternitatem tuam monemus per apostolica scripta firmiter precipiendo mandantes, quatinus nulla ipsum super hoc molestatione fatiges, quin immo, sicut divinam et nostram gratiam caram habes, eum et attollas presidiis et beneficiis ac favoribus prosequaris, ita quod Deum tibi propitium et nos exinde tibi reddas favorabiles ac benignos. Alioquin eidem favorabiliter adesse volentes, venerabili fratri nostro Verdensi episcopo et dilectis filiis . . abbati de Luneburc et in Lune . . preposito Verdensis diocesis nostris damus litteris in mandatis, ut te ab ejus super hoc vexatione qualibet monitione previa per censuram ecclesiasticam appellatione remota compellant. Datum Rome apud sanctum Petrum 2. kalendas Maji anno secundo.

In eundem modum scriptum est eisdem . . episcopo Verdensi, . . abbati de Luneburc et . . preposito in Lune Verdensis diocesis. Cum novella plantatio etc. ut supra usque: monstravit, . . Bremensis archiepiscopus eum jure sibi metropolitico etc. usque: eo intraret invito, predicto archiepiscopo nostris damus litteris firmiter in preceptis, ut nulla ipsum super hoc molestatione fatiget, quin immo etc. usque: benignos. Quocirca discretioni vestre per apostolica scripta mandamus, quatinus si predictus archiepiscopus mandatum nostrum contempserit adimplere, vos eum, ut ab ipsius episcopi super hoc vexatione qualibet conquiescat, per censuram ecclesiasticam appellatione remota cogatis. Quod si non omnes, tu ea frater episcope cum eorum altero etc. Datum ut supra.

3. *P. Honorius III. an die Bischöfe von Livland, Selonien und Leal: gestattet ihnen, Cistercienser sowie andere Mönche und Geistliche zu Genossen ihres Missionswerks anzunehmen. Viterbo, 1220 Apr. 18.*

Aus dem Registrum Honorius III. Bd. 10 fol. 172 ¹ n. 702.

Vgl. die mit vorstehender zusammenhängende Bulle UB. 1 n. 51.

Livonensi, Seloniensi et Lealensi episcopis.

Cum, sicut exhibita nobis ex parte vestra petitio continebat, in partibus vestris messis quidem multa, pauci autem operarii habeantur, monachos tam Cisterciensis quam aliorum ordinum et alios religiosos, ad ministrandum conversis pabulum verbi Dei et ad evangelizandum barbaris nationibus dominum Jhesum Christum, recipiendi de consensu prelatorum suorum liberam vobis concedimus facultatem. Datum ut supra (Viterbii 14. kalendas Maji pontificatus nostri anno quarto).

*4. P. Honorius III. an den EBf. von Magdeburg: erlaubt ihm, die von
ihm gelobte Kreuzfahrt entweder nach Livland oder dem Heiligen Lande
zu gelegener Zeit anzutreten. Rom, 1221 Apr. 21.*

Aus dem Registrum Honorius III. Bd. 11 fol. 109 b.

. . archiepiscopo Magdeburgensi.

Ex parte tua fuit nobis multa instantia supplicatum, ut te a voto crucis
absolvere dignaremur, quod cum non videretur posse absque scandalo fieri,
non duximus faciendum. Cum autem olim tibi fuerit ab apostolica sede
concessum, ut in subventionem Christianorum Livonie posses votum hujusmodi commutare, nos in tua optione relinquimus, ut vel transeas Livoniam,
congruum dictis Christianis auxilium impensurus, vel in subsidium Terre Sancte
tempore oportuno, si ad presens non potes exequi votum ipsum, presentes
tibi litteras in testimonium concedendo, ne interim possis a quoquam super
hoc temere molestari. Datum Laterani 11. kalendas Maji anno quinto.

*5. P. Honorius III. an die Christen in Sachsen: fordert sie auf, den durch
die Heiden bedrängten Neubekehrten in Livland Hilfe zu bringen, und
gewährt allen dort drei Jahre Verweilenden die an den Zug ins Heilige
Land geknüpfte Sündenvergebung. Rom, 1222 Jan. 18 (Laterani, 15.
kalendas Februarii anno sexto). — „Ne terra vaste."*

Registrum Honorius III. Bd. 11 fol. 188 a n. 181.
Gedr.: daraus Rodenberg, l. c. 1 n. 189. — Vgl. G. Berkholz in den Rig. Sitzungsberichten 1884, S. 17.

*6. P. Honorius III. an den Bf. von Selonien sowie den Abt und Prior
vom Berge des h. Nicolaus: trägt ihnen auf, die Schwertbrüder von der
Bedrückung der Neubekehrten, der Ausübung der Criminaljustiz und aller
Ungebühr abzuhalten. Rom, 1222 Febr. 8.*

Aus dem Registrum Honorius III. Bd. 11 fol. 196 b n. 219.
In vorstehendem und den beiden folgenden Stücken erkennen wir die Bullen wieder,
welche von Manrique, Annales Cisterc. 4 S. 448 und 449, zuerst veröffentlicht und
neuerdings von Bunge, Balt. Gesch.-Studien 1 S. 86 und 85 n. 6, 5 und 4,
wiederholt worden sind. Durch die irrige Zuweisung an Gregor IX. und das Jahr
1232 sowie die Entstellung des episcopus Seloniensis in einen ep. Osiliensis
waren Schwierigkeiten entstanden, die jetzt beseitigt werden. Da sich ausser den
berichtigten Adressen und Datirungen aus dem Registrum mehrfache Textverbesserungen gegenüber den früheren Abdrücken ergeben, folgen die Stücke im
vollen Wortlaut. — Vgl. Potthast n. 8996 und Bunge, Livl. Regesten S. 30 n. 380.

Seloniensi episcopo, abbati et priori montis sancti Nycholai Cisterciensis ordinis Rigensis diocesis.

Audivimus, quod quidam fratres ordinem Templariorum professi, regulares observantias, quibus se astrinxerant, violantes, cum teneantur noviter
in Livonia baptizatos pro viribus defensare, ipsos multipliciter inquietant,

graves eis incutiendo timores et bona propria non sine atrocibus injuriis per violentiam auferendo, judicia quoque secularia usurpantes sanguinis vindictas exercent in animarum suarum periculum et scandalum plurimorum. Ne igitur abusus hujusmodi, si reprobatus non fuerit, approbari putetur, qui non sine divina contumelia posset de cetero tolerari, mandamus, quatinus hujusmodi ordinis professores, ut a talibus vexationibus conversorum et aliis prenotatis insolentiis saltem ex hoc nunc omnino desistant, moneatis attentius et efficaciter reducatis, eos ad hec per censuram ecclesiasticam appellatione postposita compellendo. Quod si non omnes etc. Datum Laterani 6. idus Februarii pontificatus nostri anno sexto.

7. P. Honorius III. an den Bf. von Selonien sowie den Abt und Prior vom Berge des h. Nicolaus: befiehlt ihnen, die Schwertbrüder und die Richter in Livland zu veranlassen, bei den Neubekehrten die Eisenprobe nicht anzuwenden. Rom, 1222 Febr. 8.

Aus dem Registrum Honorius III. Bd. 11 fol. 196 b n. 220. — Vgl. die Bemerkung zur vorigen Nummer sowie Potthast n. 26224 und Bunge, Livl. Regg. S. 30 n. 379. Auf Grund einer Angabe Raynalds war vorstehende Bulle ohne Adresse und Datirung ausserdem zum J. 1222 abgedruckt worden (UB. 1 n. 54). S. Potthast n. 6910.

Eisdem (Seloniensi episcopo, abbati et priori montis sancti Nycholai Cisterciensis ordinis Rigensis diocesis). Dilecti filii noviter in Livonia baptizati gravem ad nos querimoniam destinarunt, quod fratres Templariorum ordinem in Livonia profitentes et alii quidam advocati et judices, qui temporalem in eis potestatem exercent, si quando de aliquo crimine infamantur, eos ferri candentis judicium subire compellunt, quibus si qua exinde sequatur adustio, civilem penam infligunt, quare conversis et convertendis scandalum incutiunt et terrorem. Cum igitur hujusmodi judicium secundum legitimas et canonicas sanctiones sit penitus interdictum, utpote in quo Deus temptari videtur, mandamus, quatinus tam dictos fratres et alios, ut ab hujusmodi conversorum gravamine omnino desistant, monitione premissa per censuram ecclesiasticam appellatione remota cogatis. Quod si non omnes etc. Datum ut supra (Laterani 6. idus Februarii pontificatus nostri anno sexto).

8. P. Honorius III. an den Abt und Prior vom Berge des h. Nicolaus und den Propst von Riga: weist sie an, die Schwertbrüder zur Wiedergabe der von ihnen dem Bf. von Selonien entzogenen Besitzungen u. s. w. anzuhalten. Rom, 1222 Febr. 8.

Aus dem Registrum Honorius III. Bd. 11 fol. 196 b n. 221. S. die Bemerkung zu n. 6, ferner Potthast n. 26223 und Bunge, Livl. Regg. S. 30 n. 378.

Abbati et priori montis sancti Nicholai Cisterciensis ordinis Rigensis diocesis et preposito Rigensi.

Venerabilis frater noster Seloniensis episcopus suam ad nos querimoniam destinavit, quod quidam fratres in Livonia Templariorum ordinem profitentes ei possessiones, annonam et res alias per violentiam abstulerunt et reddere contradicunt. Nolentes igitur eidem episcopo in suo jure deesse, qui potius est a nobis favorabiliter confovendus, mandamus, quatinus dictos fratres, ut ei ablata restituant, per censuram ecclesiasticam appellatione postposita compellatis. Quod si non omnes etc. Datum ut supra (Laterani 6. idus Februarii pontificatus nostri anno sexto).

9. P. Honorius III. an den Bf. von Livland: gestattet ihm, in den seiner Kreuzpredigt zugewiesenen Gebieten die wegen Gewaltthätigkeiten gegen Geistliche Excommunicirten, welche die Kreuzfahrt nach Livland antreten wollten, zu absolviren. Rom, 1223 Jan. 27.

Aus dem Registrum Honorius III. Bd. 12 fol. 23 b.

Episcopo Livoniensi.

Ad succursum noviter conversorum in Livonia, sicut convenit, intendentes, absolvendi eos in terris tue predicationi concessis juxta formam ecclesie, qui pro violenta manuum injectione in clericos vel alios religiosos vinculo excommunicationis astricti assumpta cruce volunt in subsidium Livonie proficisci, ne cogantur ad sedem apostolicam laborare, dummodo passis injuriam satisfaciant competenter, liberam fraternitati tue auctoritate presentium concedimus facultatem, nisi forte adeo gravis et enormis sit excessus ipsorum, quod sint propter hoc merito ad sedem apostolicam destinandi. Datum Laterani 6. kalendas Februarii pontificatus nostri anno septimo.

10. P. Honorius III. an den Bf. von Livland: indem er das Gesuch, die livländische Kirche als erzbischöfliche denen von Selonien und Leal überzuordnen, abschlägt, räumt er dem Bf. die Befugniss ein, in jenen beiden Kirchen etwa entstehende Streitfragen mit päpstlicher Machtvollkommenheit zu entscheiden. Rom, 1223 Dec. 23.

R aus dem Registrum Honorius III. Bd. 12 fol. 130 b n. 140.

Episcopo Livoniensi.

Cum circa novella plantaria diligentior sit adhibenda cultura, nos Livoniensem, Seloniensem et Leolensem ecclesias, quas noviter manus plantavit Altissimi, speciali diligentes affectu, eas ad manus ecclesie Romane, donec inde aliter disponatur, providimus retinendas. Ceterum licet nobis fuerit cum instantia supplicatum, ut Livoniensem ecclesiam preficeremus reliquis supradictis metropolitica dignitate, cum emergentes interdum inter earundem ecclesiarum episcopos et ipsorum subditos questiones nequeant per vos facile diffiniri, ne tamen in tam arduo et novo negotio prepropere procedere videremur, non annuimus ad presens precibus supplicant[i]um*, set volentes eisdem ecclesiis paterna sollicitudine providere, tibi super hiis committimus vices nostras, fraternitati tue per apostolica scripta mandantes, quatinus, si que cause in dictis ecclesiis vel in diocesibus earundem emerserint, que ad sedem essent apostolicam referende, tu de ipsis vice nostra cognoscas et debito fine appellatione remota decidas. Nos enim dictis episcopis nostris damus litteris in mandatis, ut tibi vice nostra super hiis intendant humiliter et devote[1]. Datum Laterani 10. kalendas Januarii anno octavo.

11. P. Honorius III. an die Bischöfe von Selonien und Leal: schreibt ihnen m. m. übereinstimmend mit n. 10. Rom, 1223 Dec. 23.

R aus dem Registrum Honorius III. Bd. 12 fol. 131ᵃ n. 141.

Seloniensi et Leolensi episcopis.
Cum circa novella plantaria diligentior sit adhibenda cultura, nos ecclesias vestras, quas noviter etc.[2] usque: Livoniensem ecclesiam vestris preficeremus ecclesiis metropolitica dignitate, cum emergentes interdum inter vos et ecclesiarum vestrarum subditos questiones etc. usque: supplicant[i]um*, set volentes vestris ecclesiis paterna sollicitudine providere, venerabili fratri nostro episcopo Livoniensi super hiis committimus vices nostras, per apostolica sibi scripta mandantes, quatinus, si que cause in ecclesiis vel in dio-cesibus vestris emerserint, que ad sedem essent apostolicam referende, idem de ipsis vice nostra cognoscat et appellatione remota debito fine decidat. Quocirca fraternitati vestre per apostolica scripta mandamus, quatinus eidem episcopo super hiis vice nostra intendatis humiliter et devote. Datum ut supra (Laterani 10. kalendas Januarii anno octavo).

12. P. Honorius III. an seinen Legaten, den Bf. [Wilhelm] von Modena: weist ihn an, falls es der Ausbreitung des Christenthums förderlich sei und Rechte Anderer dadurch nicht [verletzt würden, dem Wunsche der livländischen Bischöfe und Capitel gemäss, dort ein Erzbisthum zu errichten, ferner die Neubekehrten unter dem besonderen Schutze der römischen Kirche zu er- halten, den zu Bekehrenden volle Freiheit zuzusagen und die die jungen Christen arg beschwerenden Voigte gänzlich zu beseitigen. Rieti, 1225 Nov. 19.

R aus dem Registrum Honorius III. Bd. 13 fol. 100ᵃ n. 135.

Vgl. die Notiz bei Raynald ad a. 1225 § 16 und danach im UB. 6, Regg. S. 5 n. 85ᵇ, ferner Potthast S. 2097 n. 26152.

a) supplicantum R.
[1] n. 11.   [2] Vgl. n. 10.

Episcopo Mutinensi, apostolice sedis legato.

[L]itteris*, quas nobis venerabiles fratres nostri . . Livoniensis et . .
Lealensis episcopi et dilecti filii . . Rigensis et . . Tarbatensis prepositi
et capitula direxerunt, receptis libenter ac diligenter auditis et[b] gavisi sumus
in salvatore mundi domino Jhesu Christo, qui, sicut ipse littere continebant,
nomen suum, immo potius semetipsum, ineffabili pietate dignatur illarum
terrarum gentibus revelare, ut qui hactenus ambularunt in tenebris, juxta
Ysaie vaticinium videant lucem magnam[1]. Licet autem iidem episcopi, prepositi et capitula, in ipsis litteris asserentes, multum obsistere dila[ta]tioni[c]
fidei Christiane, quod Bremensis et alie quedam ecclesie jurisdictionem sibi
vendicare contendunt in eos, qui in partibus illis baptismi recipiunt sacra-
mentum, nobis humiliter supplicarunt, ut ad tolle[ndum][d] impedimentum hujusmodi, novam in partibus illis creare metropolim dignaremur, sitque nostri
propositi in hiis et aliis ea facere, quantum cum Deo et honestate poteri-
mus, que gentibus noviter conversis ad Dominum et dono sue gratie convertendis ad incrementum salutis debeant provenire, quia tamen nec nos
novimus statum terre nec adhuc tu fecisti tantam in partibus illis moram,
quod de illo per te plene potuerimus edoceri, eorum desiderium ad presens
nequivimus! ducere ad effectum. Gerentes vero de rectitudinis tue zelo fiduciam specialem, fraternitati tue presentium auctoritate mandamus, quatinus
pensatis negotii circumstantiis universis constituas in oportuno loco metropolim, si videris, quod expediat processui fidei Christiane, et fieri poterit
absque scandalo et juris prejudicio alieni; alioquin investigans prudenter
omnia hujusmodi negotium contingentia, ea nobis cures fideliter intimare, ut
procedamus auctore Deo, sicut fuerit procedendum. Interim autem omnes ad
fidem conversos retineas in ecclesie Romane demanio speciali, convertendis
libertatem plenariam promittendo[2]. Ad hec, quia intelleximus neophitos gra-
vari quamplurimum per quosdam, qui advocati dicuntur, et alios exactores,
volumus, ut omnes omnino facias amoveri ac provideas, ne hujusmodi exactores neophitis ipsis decetero preponantur. Datum Reate 13. kalendas Decembris anno decimo.

*13. P. Gregor IX. an seinen Legaten, den Cardinaldiacon Otto: beauftragt
ihn, bei der für das rigische Bisthum geschehenen Doppelwahl beide Electen zu freiwilligem Rücktritt zu veranlassen und selbst einen Bf. zu ernennen; wenn dies jedoch misslänge, an erster Stelle den bremischen, an
zweiter den rigischen Candidaten zu bestätigen; falls aber Beiden cano-
nische Hindernisse entgegenständen, beide Wahlen zu cassiren und von
sich aus eine neue vorzunehmen. Rom, 1230 Apr. 4.*

a) das L unausgefüllt geblieben in R. b) sic R. c) dilationi R. d) tolle R.
[1]) Jesaia 9, 2. [2]) Vgl. die Bulle von 1225 Jan. 3 (UB. 1 n. 71).

B aus dem Registrum Gregor IX. Bd. 15 fol. 2ᵃ n. 6.
Gedr.: nach einer defecten Cop. in der Lit. Metrica in St. Petersburg, Hildebrand
in Livl. Mittheilungen 12 S. 370.
Auszug nach den Regg. Gregor IX. bei Porthan, Bullar. access. S. 23 n. 4, danach
im UB. 3, Regg. S. 8 n. 120ᵇ.
Vgl. Potthast n. 8521.

O[ttoni] sancti Nicolai in carcere Tulliano diacono
cardinali, apostolice sedis legato.

Cum felicis recordationis Innocentius et Honorius predecessores nostri,
volentes Livoniensem ecclesiam et alias in partibus illis de novo creandas
ad manus sedis apostolice specialiter retinere, pluries venerabili fratri nostro . . Bremensi et aliis archiepiscopis circumposite regionis mandarint,
ne in eis sibi jurisdi[c]tionemª jure metropolitico vendicarent, quia nuper
ecclesia Rigensi vacante predictus Bremensis Albertum clericum in ea eli-
gens et instituens ordinavit, se diu fuisse in quasi possessione ordinationis
hujusmodi asseverans, et dilecti filii capitulum ipsius ecclesie Nicolaum canonicum sancte Marie Magdeburgensis Premonstratensis ordinis in episcopum,
prout ad se pertinere asserunt, elegerunt, electionem confirmari et electo
munus consecrationis impendi a nobis humiliter postulantes, nos timentes, ne
novella ecclesie predicte plantatio quassata litigiis incurrat irreparabilem le-
sionem, eo quod noviter conversi ad fidem facile possent averti et convertendi
conversionis propositum facilius abnegarent, discretioni tue, de qua plenam
in Domino fiduciam obtinemus, per apostolica scripta mandamus, quatinus
electos hujusmodi, ut electionibus de se factis sponte renuntient, efficaciter
moneas et inducas, quo ab ipsis obtento provideas de persona idonea ecclesie
viduate. Quod si forsan monitis tuis non acquieverint, inquisitione prehabita
diligenti et inspectis hiis, que apud sedem apostolicam super hoc negotio
a procuratoribus utriusque partis sunt nuper coram venerabili fratre nostro . .
Sabinensi episcopo actitata, que tibi sub bulla nostra mittimus interclusa,
si compereris predictum Bremensem in prenotata quasi possessione fuisse, ordinationem prenominati Alberti, si de persona idonea canonicam esse con-
stiterit, appellatione remota confirmes eique facias munus consecrationis impendi. Set quia nolumus ex hoc deinceps Rigensi ecclesie prejudicium generari, . . archiepiscopo et capitulo Bremensi auctoritate nostra prohibeas, ne
de cetero in predicta ecclesia vel aliis de Livonia electionem, ordinationem
seu aliquod jus metropoliticum sibi usurpare presumant, perpetuum super hiis
eis silentium imponendo, Rigensi capitulo concessa libera licentia eligendi,
sicut habent cetere ecclesie cathedrales. Ceterum si vel ordinatio sepefati
Bremensis minus canonica vel de persona minus idonea facta est, electionem
capituli examinans diligenter, si eam inveneris de persona idonea canonice
celebratam, ipsam auctoritate nostra confirmes et electo facias munus con-

a) jurisdltionem *R.*

3*

secrationis impendi. Alioquin ea rite cassata ecclesie sepedicte provideas
de persona idonea in pastorem, que tanto congruat oneri et honori. Datum
Laterani 2. nonas Aprilis pontificatus nostri anno quarto.

*14. P. Gregor IX. an den Propst von Tiel sowie den Scholaster und Tresler
von St. Severin in Cöln: ertheilt ihnen die Weisung, falls der Bf. [Balduin]
von Semgallen gegen die Pröpste zu den Aposteln und zu St. Georg in
Cöln Excommunications- oder Suspensionsurtheile erlassen habe, dieselben
für nichtig zu erklären. Rom, 1233 Apr. 22.*

*Aus dem Registrum Gregor IX. Bd. 17 fol. 9ᵇ n. 37.
Gedr.: daraus Rodenberg, l. c. 1 n. 524. — Vgl. G. Berkholz in den Rig. Sitzungsberichten 1884, S. 17 f.*

. . preposito Tilensi Trajectensis diocesis, . . scolastico
et . . thesaurario Sancti Severini Coloniensis.
Dilecti filii . . Sanctorum Apostolorum et . . Sancti Georgii ecclesiarum
Coloniensium prepositi sua nobis insinuatione innotuerunt, quod cum venerabilis frater noster . . Semigaliensis episcopus ad partes Livonie legatus a
sede apostolica mitteretur, per civitatem Coloniensem transitum faciens pro
duobus diebus procurationem tredecim marcarum recepisset ibidem. Postmodum per quendam clericum suum eis pro sua voluntate mandavit, ut in
bono sibi palafrido et somario providentes, illos . . abbati Veteris Montis
Coloniensis diocesis suo nomine destinarent, alioquin in vigilia festivitatis
beate Marie Magdalene¹ proximo tunc futura in ejus curarent presentia comparere. Cumque iidem prepositi dicto abbati ad opus ipsius episcopi tam
palafridum quam somarium transmisissent, abbas ipse pro suo velle remisit
eosdem. Et quamvis memorati prepositi, dubitantes, ne dictus episcopus
occasione hujusmodi procederet in aliquo contra ipsos, ad sedem apostolicam
appellarint, postmodum tamen ad eos rediens clericus antedictus asseruit, quod
sepefatus episcopus in ipsos, pro eo quod statuto termino in ejus non cura-
rant presentia comparere, sententiam excommunicationis protulerat et man-
dabat excommunicatos publice nuntiari, nisi novem marcas pro somario et
sex pro palafrido sibi nomine ipsius episcopi solvere procurarent. Quod efficere
denegarunt, cum etiam verbis ejusdem clerici fides adhibenda non esset,
quia nullum exhibebat ex ipsius episcopi parte mandatum et olim furtive
a sede apostolica recessisset propter vitium, quod commiserat, falsitatis.
Quare nobis fuit humiliter supplicatum, ut si forte hac de causa jamdictus
episcopus aliquid statuit contra ipsos, illud faceremus de benignitate sedis
apostolice revocari. Cum igitur idem episcopus nullam in eosdem prepositos
jurisdictionem recepisset a nobis, mandamus, quatinus, si est ita, sententias
excommunicationis seu suspensionis, si quas prefatus episcopus tulit in eos,

¹) Juli 21.

nullas esse penitus nuntietis. Quod si non omnes etc. Datum Laterani
10. kalendas Maji anno septimo.

15. P. Gregor IX. an seinen Legaten, den Bf. [Balduin] von Semgallen: gestattet ihm, während der Dauer seines Legatenamtes den in Livland canonisch erwählten Bischöfen die Weihe zu ertheilen. Rom, 1233 Apr. 25.

Aus dem Registrum Gregor IX. Bd. 17 fol. 11ᵇ n. 50.

Semigaliensi episcopo, apostolice sedis legato.

Cum, sicut exhibita nobis tue fraternitatis petitio continebat, neophiti de partibus Livonie pro defectu episcoporum magnum patiantur in spiritualibus detrimentum et multi ex eis retro respiciaut in ignominiam nominis Christiani, nos tue fraternitatis precibus inclinati presentium tibi auctoritate concedimus, quatinus episcoporum, qui sunt citra mare, adjuncto tibi legitimo numero hiis, qui electi canonice fuerint in episcopos in illis partibus, legationis tue tempore consecrationis munus valeas impartiri. Datum Laterani 7. kalendas Maji anno septimo.

16. P. Gregor IX. an Bf. und Capitel von Semgallen: nimmt sie in seinen Schutz, bestätigt ihnen ihren Besitz und ihre Privilegien und dem Capitel die Praemonstratenserregel. Rom, 1233 Apr. 20.

B aus dem Registrum Gregor IX. Bd. 17 fol. 13ᵇ n. 57.

Episcopo et capitulo Semigaliensi.

Cum a nobis petitur etc. usque: inclinati, personas vestras et ecclesiam Semigalliensem, in qua divino estis obsequio mancipati, etc. in modum protectionis usque: communimus, statuentes, ut ordo canonicus, qui secundum Domini et beati Augustini regulam atque institutionem Premonstratensium fratrum institutus in ea esse dinoscitur, perpetuis ibidem temporibus inviolabiliter observetur. Nulli ergo [etc.]ᵃ nostre protectionis et constitutionis etc. Si quis autem etc. Datum Laterani 12. kalendas Maji anno septimo.

17. P. Gregor IX. an seinen Legaten W[ilhelm,] ehemaligen Bf. von Modena: ertheilt ihm die Befugniss, in Reval, Wirland und andern Ländern seines Legationsbezirks Bisthümer zu vereinigen und zu theilen, ihre Sitze zu verlegen, Bischöfe einzusetzen und zu weihen sowie die Grenzen der Bisthümer zu bestimmen. Rom, 1234 Febr. 15 (Laterani, 15. kalendas Martii anno septimo). — „Licet episcoporum translatio.“

Registrum Gregor IX. Bd. 17 fol. 150ᵃ n. 555.

Diese später noch mehrmals wiederholte Bulle stimmt mit dem Erlass Gregors von 1234 Febr. 28 (UB. 1 n. 133) wörtlich überein. Da eine Erneuerung der

a) fehlt R.

Vollmacht bereits nach 13 Tagen indess unverständlich scheint, das Datum 1234 Febr. 28, das die in der Kais. Oeffentl. Bibliothek zu St. Petersburg noch im Original vorhandene Urkunde trägt, aber zugleich als gerichtet betrachtet werden muss, wird bei vorstehender Bulle ein Datirungsfehler im Registrum anzunehmen sein.

18. P. Gregor IX. an den Bf. [Balduin] von Semgallen: meldet ihm die Ernennung Wilhelms, ehemaligen Bf. von Modena, zum apostolischen Legaten in den baltischen Landen, indem er ihn des eigenen Legatenamtes zugleich entlässt und ihm Gehorsam gegen seinen Nachfolger einschärft. Rom, 1234 Febr. 9.

Aus dem Registrum Gregor IX. Bd. 17 fol. 150ᵇ n. 557.

Semigaliensi episcopo.

Cum venerabilem fratrem nostrum W[illelmum] episcopum quondam Mutinensem ad partes Livonie, Pruscie, Gothlandie, Vinlandie, Estonie, Semigalie, Curlandie et ceterarum neophitorum et paganorum provinciarum ac insularum circumpositarum, commisso sibi plene legationis officio, transmittamus, tue legationis officium et directas ad te super limitatione episcopatuum et super aliis omnibus a nobis litteras revocantes mandamus, quatinus eundem episcopum tanquam legatum sedis apostolice, immo personam nostram in eo, recipiens hilariter et honeste pertractans, ipsius salutaribus monitis et mandatis intendas humiliter et devote. Alioquin sententiam, quam in te rite duxerit promulgandam, ratam habebimus et faciemus auctore Deo inviolabiliter observari. Datum Laterani 5. idus Februarii anno septimo.

19. P. Gregor IX. an den Bf. [Balduin] von Semgallen: erklärt seine Legatenvollmachten für erloschen und untersagt ihm die weitere Betreibung der ihm gewordenen Aufträge. Rom, 1234 Febr. 9.

Aus dem Registrum Gregor IX. Bd. 17 fol. 151ᵃ n. 559.

Semigaliensi episcopo.

Licet olim tibi legationis officium duxerimus committendum, quia tamen super hoc intendimus aliter providere, illud de certa scientia revocantes, mandamus atque precipimus, quatinus negotiis tibi ab apostolica sede commissis, receptis presentibus, omnino supersedere procures. Datum Laterani 5. idus Februarii anno septimo.

20. P. Gregor IX. an den Bf. von Leal sowie die Pröpste von Dorpat und Riga: ertheilt ihnen die Weisung, den Bf. Nicolaus von Riga, den Meister und die Ritter des Schwertbrüderordens und die rigischen Bürger bis 1235 Sept. 8 vor den Papst zu citiren, um sich wegen der gegen den Bf. Balduin von Semgallen und die Neubekehrten verübten Gewaltthätigkeiten zu verantworten, ferner in eigener Person vor ihm zu erscheinen und die in der Beilage genannten Personen vor ihn zu laden, um Zeugniss in derselben Angelegenheit abzulegen. Perugia, 1234 Nov. 20.

R *aus dem Registrum Gregor IX. Bd. 17 fol. 235ᵃ n. 339.*

Auszug daraus Porthan, Bullar. access. S. 30 n. 26, und danach im UB. 3, Regg. 6. 10 n 154ᵃ.

Vgl. Potthast n. 9767.

.. episcopo Lealensi et .. Tarbatensi Lealensis diocesis et .. Rigensi prepositis.

Ad nostram noveritis audientiam pervenisse, quod venerabilis frater noster N[icolaus] episcopus Rigensis, .. magister et fratres militie Christi in Livonia et cives Rigenses calcata reverentia sedis apostolice, cui quilibet catholicus tenetur tamquam matri deferre, venerabili fratri nostro B[alduino] Semigalliensi episcopo, dum in partibus illis legationis officio fungeretur, in persona ejus et sociorum suorum ac neophitis et aliis ecclesie Romane fidelibus non sine nostro contemptu dampna gravia et injurias quamplurimas non sunt veriti irrogare, terras, possessiones et alia bona, que beati Petri juris existunt, occupare per violentiam presumentes et alia committentes enormia, per que fidei negotium in predictis partibus plurimum impeditur. Super hiis igitur, que sub dissimulatione transire nequivimus, certificari volentes, discretioni vestre per apostolica scripta districte precipiendo mandamus, quatinus eundem Rigensem episcopum, ut personaliter, et magistrum et fratres ac cives predictos, ut per procuratores idoneos usque ad festum nativitatis beate Marie primo venturum, quod eis pro peremptorio termino assignamus, comparea[n]t ᵃ coram nobis responsuri super hiis, que continentur in cedula, quam vobis sub bulla nostra mittimus interclusam[1], auctoritate nostra sublato appellationis impedimento cogatis. Ut autem veritas nobis plenius patefiat, et vos ipsi in propriis personis ad presentiam nostram venire curetis et illos, quorum nomina in eadem cedula continentur, per censuram ecclesiasticam ad nos compellatis accedere, ut apud sedem apostolicam super premissis perhibeant testimonium veritati. Datum Perusii 12. kalendas Decembris pontificatus nostri anno octavo.

21. *P. Gregor IX. citirt den Bf. Nicolaus von Riga und einzelne Glieder des Schwertbrüderordens persönlich, den ganzen Orden und die Stadt Riga aber durch Procuratoren vor sich, um auf eine Reihe von Anklagen sich zu verantworten, ferner gewisse livländische Geistliche, um Zeugniss in der Sache abzulegen. [Perugia, 1234 Nov. 20.]*

R *aus dem Registrum Gregor IX. Bd. 17 fol. 235ᵇ n. 340.*

Über die wiederholt behandelte und doch noch so dunkle Periode von 1227 f. wird, wenngleich auᶜʰ jetzt Vieles unaufgeklärt bleibt, durch vorstehendes Stück uner-

ᵃ) comparent R.

[1] n. 21.

wartetes Licht verbreitet. Über den zweimaligen Aufenthalt Balduins von Alna in Livland, die Haltung des Bf. Nicolaus von Riga, die Politik des Ordens, namentlich in Curland und Estland, ergeben sich überraschende Aufschlüsse. Die Geschichte Harriens und Wirlands wird vielfach auf eine neue Grundlage gestellt. Von einem Eingreifen Balduins in ihre Verhältnisse war bisher nichts Bestimmtes bekannt. Hier erfahren wir, dass er bereits als Vicelegat sich derselben bemächtigt hatte, durch einen in Livland gefällten Schiedsspruch ihrer aber wieder verlustig gegangen war, dass er dann während seiner zweiten Anwesenheit sie wiederum erlangte, um sie abermals an den Orden einzubüssen. In Betreff Revals nahm man an, dass dasselbe 1227 von den Dänen ausschliesslich an den Orden übergegangen sei. Wir ersehen jetzt, dass letzterer zunächst nur ein Viertel des Doms besetzt und dieses dann auch gegenüber Balduin behauptet hat, während er sich der übrigen drei Viertel, die der römischen Kirche ergebenen Vasallen von Harrien und Wirland anvertraut waren, erst durch einen Handstreich bemächtigte, gelegentlich dessen er ein grosses Blutbad unter seinen Gegnern anrichtete. Ein grosser Theil der Vasallen Estlands steht auf Seiten der Curie und wird erst durch den Orden gewaltsam von ihr abgezogen; hundert von ihnen soll dieser in Wirland haben tödten lassen, während er seine Stellung in Jerwen durch Belehnung von 40 gotländischen Kaufleuten befestigte. Ebenso neu ist, was wir über die Belagerung Dorpats und die Zerstörung des Klosters Falkenau durch die Russen, die Verbindung des Ordens mit dem Herzog von Sachsen, die Gefangensetzung des Meisters Volkwin durch seine Ordensbrüder und über vieles Andere erfahren. Allerdings ist bei diesen Angaben in Betracht zu ziehen, dass wir eine auf die Beschwerden Bf. Balduins sich gründende Anklageschrift vor uns haben.

Super citatione personarum subscriptarum, de qua mentio fit superius[1].

[1.] Citamus personaliter Nicolaum Rigensem episcopum, pro eo quod in primo adventu venerabilis fratris nostri B[alduini] Semigalliensis [episcopi] [a] tunc in minori officio constituti, domini O[ttonis] cardinalis tunc in illis partibus apostolice sedis legati vices agentis, auctoritatem in partibus Livonie et peregrinorum curam auctoritate dicti legati sibi commissam subripuit, avertit ab ipso prelatos et peregrinos et silentium eidem indecenter imposuit, auctoritatem memoratam sibi usurpans, pro humili ministro Livonice crucis se gerens, excommunicatos domini pape absolvens commutabat vota et cum irregularibus dispensabat, absque congnitione cause sententias, quas idem vicelegatus in rebelles promulgaverat, absolvendo et alias nulla fultus auctoritate apostolica disponendo. [2.] Item quod cum episcopus Semigallie vicelegationis sue tempore per quoddam arbitrium iniquum [coactus] [a] obsides de Curlandie provinciis ad ecclesiam Romanam pertinentes restituisset episcopo Rigensi[2], idem episcopus fratribus militie de Livonia et civibus Rigensibus unicuique parti tertiam partem obsidum et provinciarum dictarum pre-

a) *fehlt R.*

[1]) *In n. 20.*   [2]) *In dem päpstlichen Befehl von 1232 Febr. 3 (UB. 1 n. 120) ist gleichfalls von diesem arbitrium extortum die Rede, durch welches Balduin der Geiseln u. s. w. beraubt worden sei.*

sentavit et tertiam partem sibi retinuit, representans ei[s]dem* simili[ter][b] obsides de Semigallia et provincias; qui cives in Semigallia 70 mercatores et in Cu[r]landia[c] ipsos 70 ex una parte et 56 ex altera, episcopo Rigensi factum approbante, confirmante et per arbitr[i]um[d] 70 mercatoribus tertiam partem de Semigallia et de Curlandia sextam adjudicante, infeodarunt[1]. [3.] Item citamus episcopum Rigensem, super eo quod quasi auctoritatem habens apostolicam, per [Cu]roniam[e] predicavit, dispensavit, absolvit, indulgentias dedit, redemptiones carinarum et votorum commutationes facere presumpsit et in hujusmodi vices suas aliis commisit plenarias, cum nunquam super hiis apostolicam habu[er]it[f] auctoritatem[2]. [4.] Item super eo quod Maritimam, que est una de commissis terris et ad ecclesiam Romanam pertinet, in prejudicium ecclesie tam in spiritualibus quam temporalibus sibi usurpavit et alios in eadem infeodavit. [5.] Item super eo quod Osiliam, que per p[er]egrinationem[c] et sub vexillo ecclesie, magistro Joanne vicelegato presente et procurante, ad fidem et ad manus domini pape recipie[batur,][h] in spiritualibus totaliter et in temporalibus pro parte sibi vendicat indebite possidendo, non obstante, quod Gandulfinus Mutinensis episcopi et legati famulus cum vexillo ecclesie exercitum precessisset[3]. [6.] Item super proventibus perceptis in eisdem terris, qui ad quinquaginta[i] marcas extimantur. [7.] Item super eo quod pro marchione se gerens in partibus Livonie[4], extra suam diocesim in provinciis adjacentibus et pertinentibus ad ecclesiam Romanam tamquam dominus spiritualis et temporalis de omnibus disponere presumit et facere confirmationes. [8.] Item super eo quod cum, sicut dicitur, minus canonicum habu[er]it[f] ingressum et propter hoc cessionem a sedis apostolice legato petivisset ac de cessione sua recipienda Semigalliensis episcopus et [quasi][k] apostolice sedis legatus apostolicum habuisset mandatum vel, si cedere nollet, eundem ad presentiam domini pape destina[ndi,][l] penitens super hec nec ad mandatum dicti legati cedere voluit nec domino pape se presentare curavit propterea.

[9.] Item citamus universitatem fratrum militie de Livonie partibus, super eo quod cum ad mandatum domini O[ttonis] cardinalis, tunc temporis

a) eidem *R.*   b) simili *R.*   c) Culandia *R.*   d) arbitrum *R.*   e) Teironiam *R.*
f) habuit *R.*   g) pegrinationem *R.*   h) reciplendam *R.*   i) quinquagintas *R.*
k) cum *R* (cū, *verlesen aus* qĩ).   l) destinaret *R.*

[1]) Vgl. *UB. 1 n. 134, wo die 70 in Semgallen und Curland Belehnten resigniren. Die 56 rigischen Bürger, welche darauf von Balduin in Curland belehnt werden (UB. 1 n. 135), sind offenbar dieselben, welche, wie wir hier sehen, bereits vorher von Riga belehnt waren, so dass, in Folge eines Compromisses zwischen Balduin und der Stadt, nur ein Wechsel des Lehnsherrn eintrat.*   [2]) *Ähnliche Vorwürfe wegen unbefugter Ausdehnung seiner Machtsphäre, namentlich in Bezug auf Curland, hatte der Papst bereits 1232 gegen Bf. Nicolaus erhoben (UB. 1 n. 123).*   [3]) *Heinrich von Lettland erwähnt in seiner eingehenden Beschreibung der Eroberung Oesels (XXX, 3 f.) der Anwesenheit des Vicelegaten Johannes nicht, ebensowenig der des bisher unbekannten Gandulfin.*   [4]) *Auf Grund der Urkunde Kg. Heinrichs von 1225 Dec. 1 (UB. 1 n. 67).*

apostolice sedis legati, terras commissas, Wironiam scilicet et Gervam, B[alduino] nunc episcopo Semigalliensi, tunc in partibus illis vices predicti legati gerenti, restituissent nomine ecclesie Romane, easdem terras post-modum ab eodem B[alduino] violenter rapuerunt[1]. [10.] Item super eo quod eodem tempore ab ipso vicelegato provincias Curlandie voluntarie conversas, ad manus ecclesie memorate per eundem vicelegatum receptas, occasione cujusdam iniqui arbitrii sibi contra justitiam usurparunt[2], cum earundem provinciarum obsidibus postmodum, ipso recedente ad curiam Romanam, ex-peditionem per easdem provincias promoventes, ipsas depopulati sunt incen-diis mediantibus et homicidiis et tandem sue libertatis, scilicet Curlandie neophitorum, litteras[3], eorundem fratrum necnon et prelatorum de partibus Livonie sigillis roboratas et confirmatas a domino papa[4], rapuerunt, redigen-tes earundem provinciarum neophitos in servitutem, scandalum gravissimum tam neophitis aliis conversis quam convertendis paganis generantes. [11.] Item super eo quod ducentos mercatores in Gotlandia, ad occupandum terras commissas contra ecclesiam Romanam et ipsum episcopum, vicelegationis sue tempore vocaverunt in Revaliam, eosdem in Gerva infeodantes[5] in prejudi-cium ecclesie Romane. [12.] Item quod centum vel eo amplius Vironie vas-sallos ad ecclesiam Romanam pertinentes per neophitos, ut terram Vironie possiderent, occidi fecerunt. [13.] Item cum ad mandatum apostolicum Vi-roniam, Gervam et Curlandiam eidem episcopo, tunc temporis legato, volun-tarie restituissent[6], iidem fratres terras easdem postmodum impugnarunt in ecclesie memorate prejudicium et oppressionem neophitorum Gerve et Viro-nie, quos ad quadringentos uncos per solam expeditionem dampnificaverunt. [14.] Item super eo quod tres partes castri Revalie, quas de Vironia et de Haria atque de Re[v]alia[a] vassalli sepedicto episcopo nomine ecclesie tenen-das restituerant, abstulerunt ab eisdem vassallis, quibus idem episcopus vice ecclesie recommiserat e[a]s[b] conservandas[7]. [15.] Item super eo quod quar-

a) Rebalia R.   b) eis R.

[1] Aus § 42 ist zu schliessen, dass jene erste, in die Zeit der Vicelegation Balduins fallende Wiederbesetzung Wirlands und Jerwens durch den Orden auf Grund eines von der Curie später allerdings nicht anerkannten Schiedsspruchs erfolgt ist.   [2] Vgl. § 2.   [3] Die beiden Verträge Balduins mit den Curen von 1230 und 1231 (UB. 1 n. 103 und 104).   [4] UB. 1 n. 124 und Regest 139.   [5] In dem päpstlichen Urtheil von 1236 Febr. 23 (UB. 1 n. 145) heisst es mit Rücksicht auf diesen Punct: et infeudationes, quas fecerunt (magister et fratres) in terris eisdem, non differant revocare (Text nach dem Oeselschen Registranten n. 1 ff S. 226 im Geheim-Archiv zu Kopenhagen).   [6] Unter dem päpst-lichen Befehl, der diese recente Auslieferung Wirlands und Jerwens von Seiten des Ordens an Balduin zur Zeit seines Legatenamtes und zweiten Aufenthalts in Livland zur Folge hatte, ist die Bulle von 1232 Jan. 30 (UB. 1 n. 117) zu verstehen. Jener abermaligen Uebergabe ist dann eine abermalige Besetzung durch den Orden gefolgt (§ 19). — Die Einräumung Cur-lands an Balduin war veranlasst durch das päpstliche Mandat von 1232 Febr. 3 (UB. 1 n. 120).   [7] Von allen jenen Reval betreffenden Vorgängen, über welche die §§ 14—17 berichten, war bisher nur die Thatsache bekannt, dass der Orden dasselbe den Dänen 1227 abgenommen habe.

tam partem castri Revalie, illam, in qua castrum hedificaverunt[1], episcopo vice ecclesie restituere renuerunt, cum ad Romanam ecclesiam ipsius castri pertineat possessio, pro eo quod rex Datie ab ecclesia Romana castrum et terras eidem attinentes teneret et castrum ipsum auctoritate magistri Joannis vicelegati expugnassent[a] cum episcopis et aliis Teutonicis de manu Danorum [et][a] idem castrum ipsi cum aliis impugnatoribus ad manus ecclesie Romane conservandum recepissent. [16.] Item super eo quod cum arbitrio mediante sopite fuissent omnes cause, super quibus inter episcopum vice ecclesie et su[os][b] ex una parte et ipsos fratres ex altera [questiones][a] vertebantur, magistrum suum superiorem[c] captivaverunt[a], quartam castri memorati partem restituere renuerunt, sicut fuerat arbitratum, et pace per arbitros reformata et firmata sigillis partium et prelatorum, ipsas tres partes castri Revalie, quas idem episcopus recuperaverat, possederat et commiserat vassallis ecclesie conservandas, proditorie in prejudicium ecclesie occuparunt occideruntque plus quam centum vassallos ecclesie Romane, in octo partibus parrochiam infringentes et tam in cimiterio quam in ecclesia super altare et corporale sanguinem effundentes, corpora in cumulum congregantes, unum de occisis, qui ecclesie fuerat fidelior, quasi domini pape vices tenentem super acervum occisorum erexerunt et ad confusionem ecclesie majorem minime permiserunt, quod traderentur sepulture, quousque processu temporis neophiti et alii ad hujusmodi spectaculum videndum advenissent, ut a neophitis, Rutenis et paganis ecclesia Romana majores viderentur. [17.] Item super eo quod non solum castrum R[e]valie[d] optinuerunt violenter et proditorie, verum etiam tria milia marcarum argenti, ducentos dextrarios, ducentos quinquaginta equos alios, quadri[n]gentorum[e] armatorum armaturam, bona mercatorum multorum, suppellectilem universam civium, etiam vestes mulierum rapuerunt et ducentorum vassallorum ecclesie rede[m]ptiones[f], quos captivaverunt fratres memorati, [extorserunt,][a][4] que omnia ad extimationem 15 milium marcarum argenti extimantur. [18.] Item super eo quod castrum ecclesie Romane

a) fehlt R.   b) sua R.   c) superpriorem R.   d) Rivalie R.   e) quadrigentorum R.
f) redemptiones R.

[1]) Hermann von Wartberge, Separatausgabe S. 21: Hic (Volquinus) ... parvum castrum Revalie construxit et muravit, cum turribus fossatisque profundis optime firmavit. Mit castrum parvum oder minus wird in unseren Quellen stets das Ordensschloss bezeichnet, im Gegensatz zum castrum oder castrum magnum oder majus — dem ganzen Dom.   [2]) Vgl. UB. 1 n. 147: .. fratres milicie Christi in Livonia mandante magistro Johanne . . castrum obsedere prefatum u. s. w.   [3]) Näheres über die drelmonatliche Gefangensetzung des OM. Volkwin durch seine eigenen Ordensbrüder s. in § 39.   [4]) Päpstlicher Spruch von 1236 (UB. 1 n. 145): Reddant quoque spolia occisorum et pecuniam pro redemptionibus captivorum in bello apud prefatum castrum Revalie. Die Beute und die Lösegelder sind also nicht — wie die Stelle bisher verstanden werden musste — den Dänen bei der Eroberung Revals im J. 1227, sondern den Vasallen der römischen Kirche gelegentlich jenes bisher unbekannten Ueberfalls abgenommen worden.

Hagelite [1], quod bediflcaverat magister Joannes vicelegatus tempore, quo nomine ecclesie Vironiam et Gervam et Maritimam possidebat, et episcopus idem de novo rehediflcaverat, destruxerunt et tam ecclesiam Romanam quam vassallos ejusdem necnon et neophitos dictarum terrarum in ipsa expeditione et destructione castri dampniflcaverunt ad duo milia marcarum argenti. [19.] Item super eo quod terras commissas Vironiam et Gervam, quas ad mandatum apostolicum episcopo sepedicto restituerant, iterum usurparunt et easdem detinent violenter [a], neophitos Gerva[nenses] [a] opprimendo, pro eo quod ecclesie adheserant et quia [b] non habent spem terras diutius obtinendi. [20.] Item quod homagia domini pape a vassallis ecclesie Romane in Vironia, Haria et Revalia extorserunt, et fidelitatem, quam domino pape per manus magistri Johannis ex parte et[iam] [c] ipsius episcopi fecerunt, ipsi domino pape per fratres coacti dedixerunt, et expulerunt [d] illos, qui ecclesie dedicere noluerunt, tam stabilia bona eorundem quam mobilia diripientes. [21.] Item in Gerva, cujus possessio ad ecclesiam pertinet, 40 mercatores in oppressione[m] [e] neophitorum infeodaverunt [f], quemlibet eorum in 20 uncis, per hoc factum neophitos de novo opprimentes. [22.] Item quod eosdem vassallos, qui locati erant in confinio neophitorum et paganorum et ab episcopo infeodati in bonis episcopatus sui, ut paganorum insultus opprimerent, a servitio Dei et fidei ammoverunt et opposuerunt se ecclesie Romane cum eorum auxilio. [23.] Item super eo quod cum domino N[icolao,] qui se gerit pro episcopo Rigensi, et civibus Rigensibus contra ecclesiam conspirantes, 7[0] [f] ex una parte et 56 ex altera mercatores in Semigallia et Curlandia infe[o]daverunt [g] [4], residuum terrarum sibi vendicando cum predictis conspiratoribus, episcopo Semigalliensi vel ecclesie sue non solum passum pedis relinquendo nec etiam vassallis a suis predecessoribus institutis. [24.] Item super eo quod destruxerunt [castrum] [h] de Goldenbeke [5], quod ecclesie pertinebat, et tam dictam ecclesiam quam vassallos castri ejusdem et neophitos plus quam ad mille marcas argenti dampniflcaverunt. [25.] Item super eo quod Rutenos hereticos et paganos circumadjacentes contra episcopum et ecclesiam cathedralem Lealensem, vassallos et neophitos ejusdem diocesis invocarunt, vallari fecerunt castrum de Tarbate [6], artifices, instrumenta [bel]lica [i] et expensam pro parte

---

a) Gerva't R.   b) scil. ipsi fratres.   c) et R.   d) extorserunt (fratres), dedixerunt (vassalli), expulerunt (fratres\/   e) oppressione R.   f) LXXI R.   g) infedaverunt R.
h) fokit R.   i) publica R.

1) UB. I n. 145: Agnilethi.   2) S. § 13.   3) Vgl. § 11.   4) Vgl. § 3.   5) UB. I n. 145, wo die kopenhagener Copie ebenfalls Goldenbeck, statt Goldenboret, liest.   6) Ueber eine Belagerung Dorpats in diesen Jahren schweigen die russischen Quellen. Denn was die 1. Nowgoroder (Полное Собрание 3 S. 49) und mit ihr übereinstimmend die übrigen Nowgoroder und Pskower Chroniken über einen Zug des Fürsten Jaroslaw und der Nowgoroder gegen das Stift Dorpat zum Jahre 1234 berichten, passt insofern nicht hierher, als ausdrücklich bezeugt wird, dass bei jener Gelegenheit Dorpat selbst gar nicht vom Feinde erreicht ward (и ста вмять, не дошелъ града, съ пълкы).

Rutenis amministrantes et paganis, provincias depopulari fecerunt, quadringentos et 50 neophitos captivari fecerunt et interimi, non obstante, quod per
litteras apostolicas demandatum fuerat episcopo Lealensi, qui prelibato episcopo Semigalliensi deberet cooperari et legato ad eorundem fratrum militie
malitia[m] reprimenda[m.][a] [26.] Item quod bona [clau]stri[b] Dunemundensis
Cisterciensis ordinis, tam mobilia quam immobilia, predia et villas sibi ven-
dicarunt [1], captivaverunt conversos et tormentis affecerunt, pro eo quod abbas
ejusdem loci episcopo sepedicto cooperabatur, secundum quod per litteras
apostolicas eidem fuerat demandatum, unde conventum ejusdem claustri, nisi
celere adhibeatur remedium, de Livonia necesse est recedere et dispergi perpetuo per claustra ordinis diversa. Super quod servum cellerarii ejusdem
claustri negotia ecclesie Romane tunc temporis promoventis occiderunt in
vigilia nativitatis Christi[2]. [27.] Item quod Rigensis ecclesie villas occupa-
verunt, bona mobilia ejusdem et immobilia rapuerunt, ejusdem ecclesie neophitos spoliando et depopulando, pro eo quod fideliter astiterunt ecclesie Romane
ejusdem ecclesie prepositus et conventus. [28.] Item claustrum de Valkena
Cisterciensis ordinis per Rutenos et paganos memoratos penitus destruxerunt,
edificia ipsius [clau]stri[b] penitus funditus per incendia ad nichilum redigendo,
unde in continenti conventus ejusdem loci pro parte majori de partibus Livonie
in Teutoniam transfretavit, nullatenus ibi sustentari valens, sed nec morari.
[29.] Item super eo quod cum Sackala, Vaigele, Moghe, Norme[g]unde[c],
Alempoisio[3], S[e]l[on]ia[d], Semigallia et Curlandia et omnes alie provincie in
partibus Livonie, que per predicationem vel per peregrinationem ad fidem
sunt converse, ad ecclesiam Romanam de jure pertineant et ipsi fratres provincias easdem, aliquas pro parte, aliquas totaliter, in prejudicium ecclesie
Romane dicantur de facto possidere, die assignato compareant, audituri sententiam super ipsis provinciis, et ita muniti veniant instrumentis, testibus
vel rationibus, quod si quid habent juris in premissis, quod suum est, vale-
ant obtinere per sententiam, similiter et de terris in posterum convertendis.
[30.] Item super eo quod fere 7 annos vel eo amplius episcopatus Revalie
et Osilie, pro parte episcopis eorundem expulsis, contra jus poss[e]derunt[e],
decimas, jura spiritualia necnon et jurisdictionem episcopalem sibi usurpantes
in eisdem[4]. [31.] Item super eo quod super provincias de partibus Livonie
et Estonie elegerunt dominos temporales; obtinentes litteras ab uno ipsorum,
[eo]dem[f] duce Saxonie, qu[od][g] omnes fratrum ipsorum possessiones cum

a) malitia reprimenda R.   b) castri R.   c) Normarunde R.   d) Silia R.
e) possiderunt R.   f) Idem R.   g) qui R.

[1] Vgl. n. 23.   [2] Dec. 24.   [3] Das Recht des Ordens an Sackala und dessen
Nebenlanden hatte Gregor IX. noch 1230 Jan. 4 anerkannt (UB. 6 n. 2719).   [4] UB. 1 n.
146 heisst es von den im Estenlande begründeten Bisthümern: . . fratres milicie Christi in
Livonia et quidam alii ipsi terre vicini violenter occupantes eandem, ejectis inde episcopis, non
solum temporalia, sed spiritualia suis usibus applicarunt.

omni jure sibi debe[a]nt[a] perpetuo remanere[1], super episcopos, ecclesias et neophitos, quantum in eis erat, jugum servitutis induxerunt. [32.] Item super eo quod quandocunque convertuntur pagani in partibus memoratis, jus decimarum opprimentes, pactum ineunt cum neophitis de dando eis censum perpetuo, super decimarum jure eosdem in perpetuum absolventes[2]. [33.] Item quod paganos de Bandowe de facto sibi subjectos minime permittunt baptizari, ne consequenter subiciantur ecclesie, et censu, quem ab ipsis percipiunt, priventur[b], non obstante, quod per episcopum Semigallensem, tunc temporis vicelegatum, ad fidem catholicam recepti sunt et ecclesie Romane subjecti[3]. [34.] Item quod non permiserunt, ut pagani de aliquibus Curlandie provinciis, qui baptismum requirebant, ab episcopo Semigallensi, tunc temporis vicelegato, baptizarentur, ut libere possent eos possidere. [35.] Item quod nuntios paganorum frequenter ad curiam venire volent[es,][c] ut intercedente pacto de libertate habenda fidem reciperent Christianam[4], ne procederent, pluries impediverunt dicentes eisdem, quod adeo bonam fidem eis dare poss[e]nt[d] sicut papa, unde aliquando, cum ad id Go[t]landiam[e] usque pervenissent, reverti cogebantur. [36.] Item super eo quod quando pagani convertuntur ad fidem, ab eisdem fratribus datur libertas, occasione recepta saltim modica redigunt eos in servitute[m.][f] [37.] Item quamvis dominus papa per litteras episcopo Semigallie precepisset, ut neophitorum reprimeret oppressores et eorundem reformaret statum, non permiserunt, quod comparerent die ad hoc assignato, sed et plerosque, qui erant in veniendo, carceri manciparunt. [38.] Item quod s[c]ismaticos[g] se exhibuerunt, in pluribus se ecclesie opponendo, soldarios quoque contra ipsam conducendo et compellendo ipsos ecclesie neophitos necnon et vassallos, immo etiam et aliquos peregrinos ad resistendum dicte ecclesie. [39.] Item quod ipsi, quorum de collegio unus pridem magistrum suum superiorem et primum cum sacer-

---

a) debent R.   b) Wechsel des Subjects.   c) volentium R.   d) possunt R.
e) Gorlandiam R.   f) servitutes R.   g) sismaticos R.

[1]) *Mit dem hier angedeuteten Verhältniss der livländischen Machthaber zum Herzog von Sachsen, das für uns einiges Überraschende hat, muss es in Zusammenhang stehen, wenn Bf. Balduin die Belehnung der 56 rigischen Bürger in Curland im J. 1234 (vgl. § 2 Anm.) de consensu Theoderici dapiferi et procuratoris ducis Saxonie vornimmt (UB. 1 n. 135). Der Bf. scheint genöthigt worden zu sein, nachdem eine Mitwirkung des Vertreters des Herzogs vol bei der früheren Belehnung von Seiten Bigas stattgefunden hatte, dieselbe auch bei der Erneuerung der Belehnung durch ihn selbst zuzulassen.* [2]) *Gemeint wird der Vertrag sein, welchen die rigische Kirche, der Orden und Biga im J. 1231 mit einem Theile der Curen abschlossen (UB. 1 n. 105). Indem letztere dem Christenthum sich zu unterwerfen geloben, bedingen sich jene von ihnen einen Getreidezins von jedem Pfluge und jeder Egge aus, während des kirchlichen Zehnten in keiner Weise, nur des den Priestern zu gewährenden Unterhalts, Erwähnung geschieht.* [3]) *Durch den Vertrag von 1231 Jan. 17 (UB. 1 n. 104).* [4]) *In dem ersten Vertrage Balduins mit den Curen von 1230 Dec. 28 (UB. 1 n. 103) verpflichten sich diese, innerhalb zweier Jahre sich dem Papste vorzustellen* (Infra biennium domino pape se presentabunt).

dote suo occidit[1], secundum magistrum suum V[olcuinum] nomine, qui nunc est, pro eo quod favorabilior erat ecclesie Romane et pacem reformatam tenere volebat nec consentiebat proditioni, quam in[ter][a] se conceperant fratres de occidendis vassallis ecclesie, in carcere[m][b] truserunt et detinuerunt per tres menses eundem[2]. [40.] Item quod fratrem Johannem dictum Selich[3] et Johannem Sengelin, H[eidenricum][c] procuratorem Harie, Habraham et fratres aliquos de suis, notatos de heresi et ad purgandum se peremptorie citatos, tenent et tuentur, quamvis promulgata sit in eos in concilio[4] excommunicationis sententia, eo quod expurgare se contempserunt, set et comparere. [41.] Item citamus fratres ad satisfaciendum de decem milibus fere marcarum argenti, in quibus ecclesiam Romanam dampnificarunt, et de causis aliis, secundum quod coram arbitris vice Romane ecclesie a Semigallensi episcopo, tunc legato, petebatur. [42.] Item quod domino pape representent litteras de restitutione Gerve et Vironie conscriptas, quas ab episcopo Semigallensi tempore vicelegationis sue per quoddam arbitrium iniquum extorserunt[5]. Restituant nichilominus litteras domino pape, quas idem episcopus, tunc temporis vicelegatus, sigillo suo, prelatorum de Livonia et ipsorum fratrum Curonibus contulerat roboratas, quibus iidem fratres ipsos Curones in scandalum tam paganorum quam neophitorum et fidei detrimentum per expeditionis sue violentiam non absque sanguinis innocentis effusione multiplici spoliarunt[6]. [43.] Item pro eo quod Leuderum vassallum ecclesie Romane exoculaverunt eique bona sua omnia, tam stabilia quam mobilia, abstulerunt, quia primus fuit, qui legati nuntiavit adventum. [44.] Item citamus eosdem fratres ad respondendum domino pape super mille oserinis, quos ab Osilianis extorserunt, baptismum impedientes eorundem nec permittentes, quod fidei subicerentur Christiane, quousque eisdem fratribus militie memoratam pecuniam persolverunt, que pecunia ad quingentas marcas argenti extimatur[7]. [45.] Item

a) in R.   b) carcere R.   c) *rginal aus ſ ſa.

[1]) Vgl. Heinrich von Lettland XIII, 2.   [2]) Vgl. § 16.   [3]) S. über ihn den sog. Bericht Hartmanns von Heldrungen in Livl. Mittheilungen 11 S. 86 und dazu S. 93 Anm. 6.   [4]) Entweder auf dem zu Anfang 1226 von Wilhelm von Modena in Riga celebrirten Provincialconcil (Heinrich von Lettland XXIX, 8), oder weit wahrscheinlicher auf einem nicht weiter bekannten, von Balduin als Legaten daselbst abgehaltenen (vgl. § 52). [5]) Da die Curie sich als rechtmässige Eigenthümerin von Jerwen und Wirland betrachtete, muss hier wie in der gansen Acte (vgl. z. B. § 9) unter der restitutio Gerve et Vironie die Auslieferung der Landschaften von Seiten des Ordens an den Vertreter des Papstes verstanden werden und unter den littere de restitutione . . . conscripte eine das Recht der römischen Kirche auf jene Provinzen anerkennende Urkunde, welche der Orden dem Baldwin übergab, als er letzterem auf Befehl des Cardinals Otto die Landschaften einräumte (§ 9). Wenn der in der Sache gefällte Schiedsspruch dann dem Vicelegaten die Rückgabe jener Urkunde auferlegte, muss er zugleich auf Abtretung der beiden Landschaften an den Orden gelautet haben. Daraufhin ist ihre erste Wiederbesetzung durch den Orden erfolgt.   [6]) Vgl. § 10. [7]) Dieselbe Berechnung des Werths des Oserings, nämlich zu ¹/₂ Mark Silber, ᵈfindet sich bei Heinrich von Lettland XVI, 4 Mitte.

citamus fratres militie ad satisfaciendum ecclesie Romane super 14 milibus marcarum argenti, quas de proventibus provincie de Sackele, que ad ecclesiam Romanam dinoscitur pertinere[1], perceperunt. Summa, de qua tenentur predicti fratres satisfacere Romane ecclesie, extimatur ad quadraginta quinque milia marcarum argenti.

[46.] Item citamus universitatem civium Rigensium, super eo quod tertiam partem de Osilia sibi usurparunt in prejudicium ecclesie Romane; nichilominus tertiam partem terrarum tam conversarum quam convertendarum de novo contra jus sibi vendicare presumunt[2].

[47.] Item citamus fratres militie ad exhibendum domino pape et fratribus [ejus][a] omnia instrumenta sua, si qua habent, que faciunt pro ipsis ad optinendum quicquid sibi vendicare intendunt vel detinere in terris in partibus Livonie tam conversis quam convertendis, cum nichil recognoscat eisdem fratribus ecclesi[a] Roman[a][b] in terris memoratis extra Livoniam et Lettheam[3]. [48.] Item citamus fratres militie [ad respondendum][a] ad omnia, quecunque sibi a Romana ecclesia, rege Datie, prelatis ecclesiarum, personis ecclesiasticis, vassallis ecclesie et neophitis et quibuscunque aliis obicientur.

[49.] Item pro eo quod Johannem militem de Bokeshovede[4] dampnificarunt et[iam][c] ad ducentas marcas argenti, pro eo quod filii sui cooperabantur legato, fratribus militie resistendo.

[50.] Item citamus personaliter Johannem de R[e]valia[d], Ricolfum de Velin, Remboldum de Wenda, Albertum de Segewalde, Bernardum de Ascrat magistros, Heidenricum de Haria, Johannem de Gerva, Rodolfum de Sakala, Valemarum de Osilia, qui dicuntur advocati[5], ad computandum curie Romane de proventibus perceptis in jam dictis ecclesie Romane terris. [51.] Item citamus ad idem Rodulfum de Casle, Rotcherum quondam magistrum in Velin, Gerla[c]um[c] Ruffum, Marquardum quondam magistrum in Revalia[6]. [52.] Item citamus sacerdotes fratrum militie Johannem de Oste[7], Hartwicum de Velin, Rotbertum et Philippum de Haria, Godefridum de Tarwis, Vinandum de Paistele plebanos, qui omnes culpis propriis exigentibus per episcopum Semigal-

a) *Johan* R.   b) *ecclesie Romane* R.   c) *et* R.   d) *Rivalia* R.
e) *Gerlaum* R.

[1]) *Vgl. § 29.*   [2]) *Wie oben wiederholt gegenüber dem Bf. von Riga und dem Orden, wird hier rücksichtlich der Stadt Riga das Recht ignorirt, das ihr im J. 1226 durch Wilhelm von Modena zugesprochen war (UB. 1 n. 83).*   [3]) *Die Einschränkung seiner Machtstellung auf das Liven- und Lettenland, welche Innocenz III. im J. 1210 gegenüber Bf. Albert im Auge gehabt hatte (vgl. Hildebrand, Die Chronik Heinrichs von Lettland S. 75), wird hier von Gregor IX. gegenüber dem Orden in Aussicht genommen.*   [4]) *Der Bruder der Bischöfe Albert und Hermann. Vgl. UB. 1 n. 61—63, 70 und Heinrich von Lettland XXVIII, 6.*   [5]) *Wie es scheint, ein vollständiges Verzeichniss der damaligen Gebietiger des Schwertbrüderordens.*   [6]) *Über die vier hier genannten Ordensritter und den gleich unten folgenden Ordenspriester Hartwich von Fellin vgl. Bunge, Der Orden der Schwertbrüder S. 85.*   [7]) *Eine wol am Astijervo zu suchende Oertlichkeit.*

lensem, sedis apostolice legatum, de communi consilio prelatorum[1] ab officio et beneficio sunt snspensi et ad degradandum judicati.

[53.] Item citamus personaliter ad perhibendum testimonium veritati de Dunemunde et de Valkena abbates, Th. priorem de Dunemunde Cisterciensis ordinis, H. prepositum de Majocti Premonstratensis ordinis[2], magistrum Heliam[3] et magistrum Jordanum[4] Rigenses canonicos ejusdem ordinis, magistrum Luderum et magistrum Johaunem fratres militie, Henricum de Papendorpe[5] et Salomonem de Lotohea[6] plebanos Rigensis diocesis, Lambertum priorem de Tarbete ordinis sancti Augustini, Engelbertum de Adempe[a], Theodericum de Paldessen[7], Eggehardum de Moche, Fredericum de No[r]emegunde[b] plebanos Lealensis diocesis, Robertum de Gerva, Bertramum de Vironia plebanos Vironensis diocesis.

22. P. Gregor IX. an den EBf. von Bremen, den Abt von St. Marien und den Propst zu St. Georg in Stade: beauftragt sie, den Deutschen Orden in Livland zur Beobachtung des unter Vermittlung des Bf. Johann von Sabina zwischen dem Schwertbrüderorden und dem Kloster Dünamünde über das Dorf Pugat einst zu Stande gekommenen Vergleichs anzuhalten. Rom, 1238 März 13.

Aus dem Registrum Gregor IX. Bd. 18 fol. 366 ᵇ n. 457.

. . archiepiscopo Bremensi, . . abbati sancte Marie et . . preposito ecclesie sancti Georgii Stadensis Bremensis diocesis.

Ex parte dilectorum filiorum . . abbatis et conventus de Dunemunde Cisterciensis ordinis nostris extitit auribus intimatum, quod orta olim inter

---

a) sic R. b) Noctemegunde R.

[1] *Höchstwahrscheinlich auf dem von Bf. Baldwin in Livland gehaltenen Provincialconcil (vgl. § 40).* [2] *Da die Pröpste von Riga und Dorpat, welche in n. 20 beauftragt werden, die hier genannten Personen zu citiren, nicht in Betracht kommen, kann nach damaliger Lage der Dinge hier nur der Propst von Semgallen gemeint sein. H. prepositus Semgalliensis ist 1237 September denn auch nachweisbar (UB. 1 n. 153, 154). Majocti ergiebt sich dann als Entstellung aus Medejothe, wie der damalige Name von Mesothen lautet (vgl. z. B. UB. 1 n. 125).* [3] *Erscheint als Zeuge 1226 und 1232 (UB. 6 n. 3012 und 1 n. 125).* [4] *Als Zeuge 1231 genannt (UB. 1 n. 109).* [5] *Nach einer sehr ansprechenden Vermuthung von G. Berkholz (Livl. Mittheilungen 13 S. 39 f.) wäre der in einer Urkunde von 1259 vorkommende Heinricus plebanus de Papendorpe identisch mit dem Chronisten Heinrich. Letzteren hätten wir aller Wahrscheinlichkeit nach dann auch hier vor uns.* [6] *Vielleicht der bei Heinrich von Lettland XXIV, 6 ᵃ im J. 1220 genannte rigische Priester Salomo. — In Lotohea wird das heutige Loddiger, dessen Name in ältester Zeit Ledegore oder Lethegore lautet, wiederzuerkennen sein. In einem Schriftstück, gleichfalls italienischen Ursprungs, von 1319 (n. 48) findet sich, offenbar für dieses, die Form Ledegha, die zu dem noch mehr entstellten Lotohea hinüberleitet.* [7] *Im Stift Dorpat nicht mehr nachzuweisender Ortsname.*

4

ipsos etc. ut supra usque: ex altera[1] (*d. h.:* ex parte una et . . magistrum et fratres tunc militie Christi, nunc domus sancte Marie Teutonicorum in Livonia, ex altera) super villa de Pugat[2] et rebus aliis materia questionis, tandem mediante bone memorie J[ohanne] Sabinensi episcopo, quem super hoc partibus concessimus auditorem, amicabilis inter eos compositio intervenit, prout in litteris ejusdem Sabinensis dicitur plenius contineri, quam dicti magister et fratres pro sue voluntatis arbitrio renuunt observare, unde, cum in partibus illis predicti abbas et conventus nequeant litigare cum ipsis nec aliquis, qui eisdem abbati et conventui contra predictos fratres exhibeat propter potentiam eorum justitie complementum, reperiatur ibidem, super hoc sibi provideri per sedem apostolicam supplicarunt. Nos igitur indempnitati eorum misericorditer providentes, mandamus, quatinus compositionem ipsam, sicut sine pravitate provide etc. usque: observari, constitutione etc. Quod si non omnes etc. Datum ut supra (Laterani 3. idus Martii anno undecimo).

93. *P. Gregor IX. an den EBf. von Bremen, den Abt von St. Marien und den Propst zu St. Georg in Stade: weist sie an, den Deutschen Orden in Livland, der das Kloster Dünamünde wegen des dem Bf. Baldwin von Semgallen einst gebotenen Schutzes hart verfolge, davon abzuhalten und zur Gewährung von Schadenersatz zu veranlassen. Rom, 1238 März 13.*
R aus dem *Registrum Gregor IX. Bd. 18 fol. 368 b n. 467.*

. . archiepiscopo Bremensi, . . abbati sancte Marie et . . preposito ecclesie sancti Georgii Stadensis[a] Bremensis diocesis.

Dilecti filii abbas et conventus de Dunemunde Cisterciensis ordinis suam ad nos transmisere querelam, quod . . magister et fratres olim militie Christi, nunc domus sancte Marie Teutonicorum in Livonia, occasionem sumentes indebitam contra ipsos, pro eo quod dicti abbas et conventus tanquam obedientie filii venerabili fratri nostro B[alduino] quondam Semigaliensi episcopo, tunc in partibus illis apostolice sedis legato, immo nobis in ipso, obedientiam et reverentiam exhibentes, in claustro ipsorum contra quosdam, qui mortem machinabantur ipsius, receperunt eundem sibi pro viribus assistendo, ipsos adeo hostili odio persecuntur bona eorum impie devastando, quod nisi eos ab eorum, qui dictos abbatem et conventum diversis affliguut molestiis et jacturis, faucibus apostolica sedes eripiat, cogentur extra monasterium, ad cujus bona ipsi indesinenter aspirant, miserabiliter exulare. Quocirca mandamus, quatinus, si est ita, eosdem magistrum et fratres, quod a dictorum abbatis et conventus indebita super premissis molestia conquiescant omnino

a) Stradensis *R.*
[1] *Das vorausgehende Stück, auf das hier verwiesen wird, ist abgedruckt UB. 1 n. 159.*
[2] *In Harrien, Ksp. Jegelecht.*

et debitam eis de dampnis et injuriis satisfactionem exhibeant, monitione previa per censuram ecclesiasticam, appellatione remota, previa ratione cogatis, constitutione de duabus dietis in concilio generali edita non obstante. Quod si non omnes etc., tu frater etc. Datum Laterani 3. idus Martii anno undecimo.

24. P. Innocenz IV. an den Kg. von Dänemark: nachdem der Kg. zelo fidei et devotionis accensus, contra paganos et barbaros, qui neophitos in partibus Estonie constitutos multipliciter aggravant et molestant, potenter et patenter proficisci proponat, *bewilligt er ihm das Drittel des Zehnten, welches in der Kirchenprovinz von Lund regelmässig für den Unterhalt der Kirchen verwandt werde, auf drei Jahre. Lyon, 1245 März 2* (6. nonas Martii anno 2). — „Quanto personam tuam".

Registrum Innocenz IV. Bd. 21 fol. 159 b n. 345.
Gedr. nach einer Abschrift Munchs bei Bördam, Ny Kirkehistoriske Samlinger 3 S. 90 n. 17.
Auszug bei Berger, Les Registres d'Innocent IV Bd. 1 S. 171 n. 1088, mit falschem Tagesdatum.

25. P. Innocenz IV. an den Kg. von Dänemark: nimmt ihn, der gegen die Heiden in Estland ziehe, sammt seinem Reich in den Schutz des Hlgen Petrus. Lyon, 1245 Febr. 24 (6. kalendas Martii anno 2). — „Sacrosancta Romana ecclesia".

Registrum Innocenz IV. Bd. 21 fol. 159 b n. 346.
Gedr. nach einer Abschrift Munchs bei Bördam, Ny Kirkehistoriske Samlinger 3 S 90 n. 16.
Regest bei Berger, Les Registres d'Innocent IV Bd. 1 S. 171 n. 1089.

26. P. Innocenz IV. an den EBf. von Lund und die Bischöfe von Roskild und Arhus (Rasbaldensi et Arusiensi episcopis): *beauftragt sie zu verhindern, dass der Kg. von Dänemark, welcher gegen die Heiden und Barbaren einen Kriegszug vorhabe, dem ihm ertheilten päpstlichen Schutzbrief zuwider, von irgend Jemand belästigt werde. Lyon, 1245 Febr. 24* (Datum ut in proxima, d. h. 6. kalendas Martii anno 2). — „Cum carissimus in".

Registrum Innocenz IV. Bd. 21 fol. 159 b n. 347.
Regest bei Potthan, Bullar. access. S. 36 n. 3, und Berger, Les Registres d'Innocent IV Bd. 1 S. 171 n. 1090. Vgl. Potthast n. 11560.

27. P. Innocenz IV. an [Albert,] EBf. von Livland und Preussen: bestätigt ihm das Recht, fünf Clerikern in der Kirchenprovinz von Armagh zu providiren, sowie einige andere, ihm als EBf. von Armagh gewährte Vergünstigungen. Lyon, 1245 Dec. 13.

4*

52

Aus dem Registrum Innocenz IV. Bd. 21 fol. 257ᵇ n. 315.
Regest bei Berger, Les Registres d'Innocent IV Bd. 1 S. 252 n. 1667.

. . archiepiscopo Livonie et Pruscie.

Devotionis tue precibus inclinati, providendi quinque clericis tuis in provincia Armachana, prout tibi prius, quam esses a vinculo Armachane ecclesie absolutus, per litteras concessimus speciales, per te seu per alios, quibus in hac parte commiseris vices tuas, necnon utendi quibusdam aliis gratiis a sede tibi apostolica tunc concessis juxta obtentarum super hiis continentiam litterarum, translatione de te facta nequaquam obstante, liberam tibi auctoritate presentium concedimus facultatem. Datum Lugduni idibus Decembris anno tertio.

28. P. Innocenz IV. an den EBf. von Preussen, Livland und Estland (Pruscie, Livonie et Eustonie): *gestattet ihm, vorbehaltlich der Rechte der römischen Kirche,* quod cessiones suffraganeorum tuorum cum instantia debita postulandas, quas ex legitimis causis procedere noveris, secundum canonicas sanctiones nostra valeas vice recipere. *Lyon, 1246 März 30* (3. kalendas Aprilis anno 3). — „Cum nonnumquam episcopalis."

Registrum Innocenz IV. Bd. 21 fol. 270ᵇ n. 443.
Auszug bei Berger, Les Registres d'Innocent IV Bd. 1 S. 267 n. 1785.

29. P. Innocenz IV. an [Albert,] EBf. von Livland u. s. w.: bewilligt ihm das Pallium. Lyon, 1246 Apr. 26.

Aus dem Registrum Innocenz IV. Bd. 21 fol. 276ᵃ n. 484.
Angeführt bei Raynald ad a. 1246 n. 30; Regest bei Berger, Les Registres d'Innocent IV Bd. 1 S. 272 n. 1824; vgl. Potthast n. 12081.

. . archiepiscopo Pruscie, Livonie et Eustonie.

Cum pallium, insigne pontificalis officii, per te apud sedem apostolicam constitutum cum ea, qua decuit, fuisset instantia postulatum, nos tuis postulationibus annuentes, ipsum de corpore beati Petri sumptum tibi duximus concedendum, a te nostro et ecclesie Romane nomine sub consueta forma recipientes fidelitatis debite juramentum. Tu autem illo intra ecclesiam tuam illis utaris diebus, qui expressi in ipsius ecclesie privilegiis continentur. Ut igitur signum non discrepet a signato, set quod geris exterius, interius serves in mente, fraternitatem tuam monemus et hortamur attentius, quatinus humilitatem et justitiam dante Domino, qui dat munera et premia elargitur, conservare studeas, que suum servant et promovent servatorem, et ecclesiam sponsam tuam cures sollicite auctore Deo spiritualiter et temporaliter augmentare. Datum Lugduni 6. kalendas Maji anno tertio.

30. P. Innocenz IV. an den EBf. von Preussen: gewährt ihm die Vergünstigung, ne per litteras contra te, postquam iter arripuisti ad nostram presentiam veniendi, absque tuo vel procuratoris tui consensu a sede apostolica impetratas valeas conveniri. *Lyon, 1246 Apr. 22* (10. kalendas Maji anno 3). — „Tuis devotis precibus".

Registrum Innocenz IV. Bd. 21 fol. 276ª n. 485.
Auszug bei Berger, Les Registres d'Innocent IV Bd. 1 S. 272 n. 1825.

31. P. Innocenz IV. an den EBf. von Preussen, Livland und Estland (Pruscie, Livonie et Eustonie), *apostolischen Legaten: trägt ihm auf, den zwischen dem Bf. von Kammin einer- und den Bischöfen von Meissen und Brandenburg andererseits über die Grenzen ihrer Stifter entstandenen Streit, nachdem er die Privilegien der Parteien eingesehen und ihre Gründe angehört habe,* concordia vel justitia mediante *zu entscheiden. Lyon, 1246 Dec. 23* (10. kalendas Januarii anno 4). — „Cum sicut accepimus".

Registrum Innocenz IV. Bd. 21 fol. 354ᵇ n. 340.
Regest bei Berger, Les Registres d'Innocent IV Bd. 1 S. 345 n. 2336.

32. P. Innocenz IV. an den EBf. von Livland u. s. w.: überträgt ihm zu seinem Unterhalt die Verwaltung der erledigten lübischen Kirche auf Lebenszeit. Lyon, 1247 Juli 9.

R aus dem Registrum Innocenz IV. Bd. 21 fol. 450ª n. 87.
Regest bei Berger, Les Registres d'Innocent IV Bd. 1 S. 473 n. 3136.

. . archiepiscopo Livonie, Estonie et Pruscie.
Quamvis ex injuncto nobis apostolatus officio tenemur omnibus providere, utpote constituti dispensatores a Domino super familiam domus sue, illorum tamen defectus potissime nos convenit oportunis subsidiis relevare, qui nobiscum in cura pastoralis sollicitudinis laudabiliter collaborant. Cum igitur, sicut accep[im]us ª, de tui archiepiscopatus proventibus propter malitiam habitantium in eodem sustentari comode nequeas, juxta tuorum meritorum elegantiam et pontificii dignitatem nos, ne angusta rei familiaris inopia te molestet, Lubicensem ᵇ ecclesiam cathedralem, que nunc est proprii pastoris solatio destituta et de qua sic tuis potest subveniri defectibus, ut ex hoc ipsius ecclesie profectibus consulatur, tibi tam in spiritualibus quam in temporalibus presentium auctoritate committimus quoad vixeris gubernandam, salvo in omnibus jure Bremensis ecclesie, cui eadem Lubicensis ᶜ ecclesia lege metropolitica est subjecta. . Nulli ergo etc. nostre concessionis etc. Si quis etc. Datum Lugduni 7. idus Julii anno 5 º.

33. P. Innocenz IV. an den EBf. von Livland, Estland und Preussen: ertheilt ihm die Befugniss, den aus dem Lande des Herzogs von Brabant

a) accepus *R.*   b) Lubricensem *R.*   c) Lubricensis *R.*

stammenden erzbischöflichen Clcrikern Livin und Johann in dem Lande desselben Herzogs mit je einer Präbende oder einem anderen kirchlichen Beneficium zu providiren oder providiren zu lassen. Lyon, 1247 Juli 16 (17. kalendas Augusti anno 5). — „Devotionem et fidei."

Registrum Innocens IV. Bd. 21 fol. 450ª n. 88.
Regest bei Berger, Les Registres d'Innocent IV Bd. 1 S. 473 n. 3137.

---

34. *P. Innocenz IV. an den EBf. von Preussen, apostolischen Legaten: gewährt ihm die Befugniss, einem Gelehrten, de soluto et soluta genito, Dispens zu ertheilen, so dass derselbe, ungeachtet des Mangels ehelicher Geburt, im Lande Preussen zum Bischof befördert werden könne.* Lyon, 1247 Oct. 1 (kalendis Octobris anno 5). — „Devotionis tue precibus."

Registrum Innocens IV. Bd. 21 fol. 465ª n. 236.
Regest bei Berger, Les Registres d'Innocent IV Bd. 1 S. 494 n. 3285.

---

35. *P. Innocenz IV. an den Bf. von Dorpat: bestätigt ihm die seinem Vorgänger Bf. Hermann vom päpstlichen Legaten Bf. Wilhelm von Modena ertheilte Erlaubniss, sich Bf. von Dorpat statt von Leal zu nennen.* Rom, 1254 Febr. 5.

Aus dem Registrum Innocens IV. Bd. 23 fol. 63ª n. 488.

Unter dem Texte: .. prepositus ecclesie Rygensis datus est super hoc conservator, non obstante, si aliquibus a sede apostolica sit indultum, quod excommunicari, suspendi vel interdici non possint etc. usque mentionem.

Episcopo Tarbatensi.

Cum a nobis petitur etc. usque: effectum. Exhibita quidem nobis tua petitio continebat, quod licet bone memorie Th[eodericus] primus in Estonie partibus episcopus sedem suam episcopalem in Leale circa Maritimam posuisset, nichilominus bone memorie Hermannus Lealensis episcopus, successor ipsius, in Tarbatum auctoritate apostolica sedem transtulit memoratam, retento sibi auctoritate hujusmodi titulo Lealensi. Verum processu temporis quia Lealensis locus, extra sue diocesis terminos positus, erat pene penitus derelictus, idem H[ermannus] episcopus, quod a Tarbato, ubi congregationem canonicorum honorabilem in beatorum Petri et Pauli apostolorum honorificentiam ordinarat, sumpto vocabulo Tarbatensis episcopus decetero diceretur, salvis sibi ejusque successoribus omnibus instrumentis, privilegiis et indulgentiis apostolicis et aliis sub Lealensi confectis nomine, a bone memorie Guillelmo tunc Mutinensi et postmodum Sabinensi episcopo, in illis partibus apostolice sedis legato, habente ad hoc ab eadem sede plenam et liberam potestatem, sibi obtinuit indulgeri [1]. Nos itaque tuis precibus inclinati, quod super hoc provide factum est, ratum habentes et gratum, illud auctoritate

[1] *UB. 6 n. 2716.*

apostolica confirmamus etc. usque: communimus. Nulli etc. nostre confirmationis etc. Datum Laterani nonis Februarii anno 11.

36. P. Alexander IV. an Vitus, ehemaligen Bf. von Litauen: bezeugt ihm, dass sein Verzicht auf das bischöfliche Amt, mit Beibehaltung des Titels, angenommen sei. Neapel, 1255 März 1.

Aus dem Registrum Alexander IV. Bd. 24 fol. 22 ∘ n. 176.

Vito condam episcopo Litovie[1].

Dum nobis cum instantia supplicasti, ut cessionem tuam, volens non dignitati resignare, set loco, recipi faceremus, nos igitur licet inviti tuum in hac parte desiderium de fratrum nostrorum consilio adimplentes, per venerabilem fratrem nostrum . . episcopum Tusculanum a te vice nostra pontificalis oneris, non honoris, recipi fecimus cessionem. In cujus rei testimonium presentes litteras tibi duximus concedendas. Datum Neapoli kalendis Martii anno 1°.

37. P. Alexander IV. an die Priesterbrüder Deutschen Ordens: weist sie an, auf Anfordern der Gebietiger des Ordens das Kreuz zu Gunsten desselben zu predigen. Anagni, 1260 Febr. 20.

Aus dem Registrum Alexander IV. Bd. 25 fol. 241ᵇ n. 28ᵇ.

Fratribus clericis hospitalis sancte Marie Theutonicorum presentes litteras inspecturis.

Vix absque lacrimis meditari *u. s. w. mut. mut. wörtlich übereinstimmend mit dem am selben Tage an den Meister und die Brüder des Deutschen Ordens gerichteten Erlass, betreffend die Kreuzpredigt zu ihren Gunsten[2], und zwar bis zu den Worten:* in predictum subsidium couvertende. Quocirca discretioni vestre per apostolica scripta in virtute obedientie districte precipiendo mandamus, quatinus ad requisitionem preceptorum ejusdem ordinis, sub quorum estis regimine constituti, hujusmodi predicationis officium devote ac humiliter assumatis, studentes illud ita laudabiliter exercere, quod optata exinde auctore Deo producatur utilitas et apud nos vestra diligentia possit merito commendari. Datum ut in alia (Anagnie 10. kalendas Martii anno sexto).

38. P. Urban IV. an den Bf. von Reval: ertheilt ihm den Befehl, den Cleriker Herbert, Sohn des gleichnamigen dänischen Ritters, als Domherrn in die dörptsche Kirche einzuführen und mit der ersten in derselben frei werdenden Präbende zu versehen. Orvieto, 1264 Jan. 3.

R aus dem Registrum Urban IV. Bd. 29 fol. 277 ∘ n. 208.

---

1) Vgl. über ihn SS. rer. Prussic. 1 S. 758, 2 S. 43, 3 S. 307 Anm. 3.   2) Gedruckt Sbaralea, Bullarium Franciscanum 2 n. 535.

56

Episcopo Revaliensi.

Dilectum filium Herbertum militem, nuntium carissimi in Christo filii nostri . . regis Datie illustris, in persona dilecti filii Herberti clerici, nati ipsius militis, honorare volentes, fraternitati tue mandamus, quatinus eundem clericum in ecclesia Tarbatensi per te vel per alium recipi faciens in canonicum et in fratrem, ei de prebenda, si qua ibidem vacat ad presens vel quamprimum ad id se facultas obtul[er]it[a], studeas providere, non obstante certo ipsius ecclesie canonicorum numero, juramento, confirmatione sedis apostolice vel quacunque alia firmitate vallato, aut si aliquibus a sede apostolica indultum existat, quod ad receptionem vel provisionem alicujus minime teneantur aut quod ad id compelli quodque interdici, suspendi vel excommunicari non possint seu quod alius de prebendis ad ipsorum collationem spectantibus nequeat aliquibus providere per litteras sedis ipsius non facientes plenam et expressam de indulto hujusmodi mentionem, vel qualibet alia indulgentia sedis predicte, per quam effectus presentium impediri valeat vel differri et de qua in nostris litteris mentio fieri debeat specialis, vel si in eadem ecclesia pro aliis direximus scripta nostra, quibus per hoc nullum volumus prejudicium generari, contradictores etc. usque: compescendo. Datum apud Urbem Veterem 3. nonas Januarii anno tertio.

39. P. Urban IV. an den Propst von Riga: beauftragt ihn, den rigischen Subdiacon Heinrich, der sich als wissenschaftlich gebildet erwiesen habe, falls derselbe eines ehrbaren Lebens sei und den andern canonischen Forderungen genüge, als Domherrn in die öselsche Kirche einzuführen und bei erster Gelegenheit mit einer Präbende auszustatten, knüpft hieran aber die Bedingung, dass derselbe zu vorgeschriebener Zeit sich die weiteren Weihen ertheilen lasse und bei seiner Kirche residire. Orvieto, 1264 Jan. 21.

R aus dem Registrum Urban IV. Bd. 29 fol. 285[a] n. 246.

. . preposito ecclesie R[i]gensis[b].

Constitutus in presentia nostra dilectus filius Henricus subdiaconus Rigensis nobis humiliter supplicavit, ut cum ipse, sicut asserit, nullum beneficium ecclesiasticum sit adeptus, ei providere in Osiliensi ecclesia curaremus. Licet autem idem subdiaconus, quem per dilectum filium magistrum Petrum archidiaconum Bruliensem in ecclesia Agentiensi[1] examinari fecimus diligenter, dicatur inventus fuisse in literatura competenter idoneus ad hujusmodi gratiam obtinendam, quia tamen de vita et conversatione ipsius nobis non constitit, discretioni tue per apostolica scripta mandamus, quatinus circa vitam et conversationem ejusdem subdiaconi inquisitione diligenti premissa,

a) obtulit R.   b) Ragensis R.
1) Bisthum Agen (Agennensis) ? oder Agde (Agatensis) ?

si eum vite laudabilis et honeste conversationis esse reppereris et de legittimo matrimonio procreatnm ac alias non sit beneficiatus alindqne sibi canonicum non obsistat [impedimentum,]ª eum in predicta ecclesia Osiliensi, si nondum pro alio in ea direximus scripta nostra, auctoritate nostra per te vel per alinm facias in canonicum et in fratrem recipi ac sibi de prebenda, si qua ibidem vacat ad presens vel quam cito se facultas obtulerit, providere procures, non obstante statuto de certo canonicorum numero ipsius ecclesie Osiliensis *u. s. w. wörtlich übereinstimmend mit der Provision von 1264 Jan. 3 (n. 38)* bis compescendo, ita tamen qnod idem subdiaconus, prout requiret onus prebende hujusmodi, se faciat ad ordines statutis temporibus promoveri et personaliter resideat in ecclesia memorata; alioquin hujusmodi gratia nullius penitus sit momenti. Nos enim volumus, ut omnes alie littere ab apostolica sede vel ejus legatis obtente necnon promissiones et obligationes a quibuscunque facte super ipsius subdiaconi provisione omni robore careant firmitatis. Datum apud Urbem Veterem 12. kalendas Februarii anno tertio.

40. P. Gregor X. an Johann I., EBf. von Riga: bestätigt seine Erwählung zum EBf. und trägt ihm auf, die Verwaltung der Kirche anzutreten. Lyon, 1274 Nov. 5.

Aus dem Registrum Gregor X. Bd. 37 fol. 157ª n. 68.

Unterhalb des Textes: In eundem modum .. preposito et capitulo ecclesie Rigensis (mit Anführung der Sätze, in welchen sich Abweichungen vom vorstehenden Erlass finden); in eundem modum clero Rigensis civitatis et diocesis; universis episcopis suffraganeis ecclesie Rigensis; populo Rigensis civitatis et diocesis.

Johanni Rigensi archiepiscopo.

Rationis oculis intnentes commoda, que vacantibus ecclesiis de salubri provisione proveniunt, reddimur corde solliciti, ut cum ad apostolice sedis providentiam propter hoc devote recurritur, circa provisionem hujusmodi faciendam fructuose attentionis studium habeatur. Sane presentatam nobis electionem de te tunc cellarario ecclesie Rigensis factam in Rigensi ecclesia tunc pastoris regimine destituta examinari fecimus diligenter et quia electiouem ipsam invenimus de persona ydonea canonice celebratam, eam de fratrum nostrorum consilio auctoritate apostolica duximus confirmandam tibique per venerabilem fratrem nostrum J[ohannem] Portuensem episcopum munus fecimus consecrationis impendi, firma ducti fiducia, quod cum tu esse noscaris discretus et providus necnon de morum honestate ac vita laudabili et scientia commendatus, dicta Rigensis ecclesia per tuam industriam divina favente clementia in statum salutis dirigi et in prosperis debeat ampliari. Volumus itaque ac fraternitati tue per apostolica scripta mandamus, quatiuus ad eaudem ecclesiam, de apostolice sedis favore confisus, cum divine gratia

a) *fehlt R.*

benedictionis accedas, te in cura ipsius ecclesie, cujus plenam in spiritualibus et temporalibus administrationem tibi commisimus, talem corde sollicito redditurus, quod grex tue circumspectioni creditus in te salutis ministrum repperisse gaudeat et tibi tandem pastoris eterni benignitas, unicuique responsura pro meritis, eterne retribuat gloriam claritatis. Datum Lugduni nonis Novembris anno tertio.

41. P. Honorius IV. 'an Johann II., EBf. von Riga: ernennt ihn, nach seinem freiwilligen Verzicht auf die Erwählung durch das rigische Capitel, von sich aus zum EBf. Rom, 1286 Jan. 10.

R aus dem Registrum Honorius IV. Bd. 43 fol. 63ᵇ n. 229.

Unter dem Text: In eundem modum dilectis filiis . . preposito et capitulo ac clero Rigensibus, mit Angabe der formellen Abweichungen von vorstehender Ausfertigung.

Venerabili fratri J[ohanni] archiepiscopo Rigensi.

. In suppreme dignitatis specula licet immeriti disponente Domino constituti, curis continuis angimur et pulsamur insultibus successivis, ut de personis provideatur ecclesiis pastoribus viduatis, quarum industria et virtute eedem ecclesie in suis juribus et libertatibus conserventur, reddatur tranquillior cleri status et comodis salutis et gaudii plebs letetur. Dudum siquidem ecclesia Rigensi per mortem bone memorie J[ohannis] Rigensis archiepiscopi pastoris solatio destituta, capitulum ejusdem ecclesie, vocatis et presentibus omnibus, qui debuerunt, potuerunt et voluerunt comode interesse, die ad hoc prefixa pro futuri substitutione pastoris convenerunt et tandem post habitum super hoc diligentem tractatum spiritus sancti gratia invocata [te]ᵃ episcopum quondam Warmiensem[1] quasi per inspirationem divinam in suum archiepiscopum unanimiter postularunt, nobis humiliter supplicantes, ut admittere postulationem hujusmodi dignaremur. Cumque postmodum tu in nostra presentia constitutus, in nostris manibus renuntiasses spontaneus juri, si quod tibi erat ex postulatione hujusmodi acquisitum, nos hujusmodi renuntiatione recepta, de ipsius ecclesie ordinatione tanto sollicitius cogitantes, quanto eam considerabamus ex causis variis provisione hujusmodi specialius indigere, ac ideo cupientes eidem preesse pontificem, de quo nobis probabilis verisimilitudo suggeretur, quod ipsum clara meritorum suorum insignia redimirent, et cujus fide fida recumberet securitas subditorum, ad personam tuam direximus oculos nostre mentis, quem nobis et fratribus nostris de litterarum scientia, morum maturitate, prudentia spiritualium et temporalium providentia fidedigna testimonia commendarunt, et ipsius ecclesie utilitate pensata, de consilio eorundem fratrum nostrorum te prefate Rigensi ecclesie in archiepiscopum proficimus et pastorem, firma spe fiduciaque concepta, quod eadem ecclesia Deo

a) et R.
[1]) Ein bisher unbekannter Umstand.

auctore per tue industrie ac circumspectionis fructuosum studium preservabitur a dispendiis et spiritualibus et temporalibus proficiet incrementis. Tolle
igitur jugum Domini tam leve collis humilibus quam suave et in dilectione
Dei pascendum suscipe gregem ejus, super quem noctis vigilias diligens sollicitusque custodi, ut liber non pateat aditus invasori et Dominus insuspicabili hora venturus, si te invenerit sic agentem, cursu consumato, qui tuo labori proponitur, et eorum fide servata, que tue sollicitudini committuntur, te
fidelem compertum in modico supra multa constituat ac in dilecta sua tabernacula introducat.   Datum Rome apud Sanctam Sabinam 4. idus Januarii
anno primo.

*42. P. Bonifaz VIII. an Johann III., EBf. von Riga: ernennt ihn, nach-
dem er durch einen bevollmächtigten Ausschuss des rigischen Capitels erkoren
worden, dieser Wahl aber freiwillig entsagt hatte, von sich aus zum EBf.
Rom, 1295 Apr. 18.*

R aus dem Registrum Bonifaz VIII. Bd. 47 fol. 26ª n. 107.   Unter dem Texte:
In eundem modum dilectis filiis . . preposito et capitulo ecclesie Rigensis; clero
Rigensis civitatis et diocesis; suffraganeis ecclesie Rigensis; populo Rigensis
civitatis et diocesis, wobei die formellen Abweichungen von vorstehender Ausfertigung angeführt sind.

Regest bei Thomas, Les Registres de Boniface VIII Bd. 1 8. 43 n. 107.

Venerabili fratri Johanni [archi]episcopo ª Rigensi.

In supreme dignitatis specula licet immeriti disponente Domino constituti, curis continuis angimur et pulsamur insultibus successivis, ut de personis
talibus provideatur ecclesiis pastoribus viduatis, quarum industria et virtute
eedem ecclesie in suis juribus et libertatibus conserventur, reddatur tranquillior
cleri status et comodis salutis et gaudii plebs letetur.   Dudum siquidem
ecclesia Rigensi per mortem bone memorie Johannis Rigensis archiepiscopi
pastoris solatio destituta, capitulum ejusdem ecclesie, vocatis et presentibus
omnibus, qui debuerunt, potuerunt et voluerunt comode interesse, die ad
eligendum prefixa pro futuri substitutione pontificis insimul convenerunt et
tandem post aliquos tractatus in hujusmodi electionis negotio habitos consen-
serunt in eodem negotio per viam procedere compromissi et quinque ex ipso
capitulo, videlicet Wedekino preposito, Johanni priori, Johanni de Ponte,
Nicolao et Ludolfo canonicis ipsius ecclesie, eligendi seu postulandi ea vice
personam ydoneam in archiepiscopum Rigensem contulerunt unanimiter plenariam potestatem.   Qui tractatu inter se super hoc habito diligenti in te
tunc thesaurarium ecclesie Zuerinensis eligendum in Rigensem archiepiscopum convenerunt, ac idem prepositus vice sua et coll[e]garum ᵇ suorum te

a) episcopo R.   b) collagarum R.

de consensu predictorum collegarum elegit postulando et postulavit eligendo
in ipsius Rigensis ecclesie archiepiscopum et pastorem, tuque postmodum
electioni hujusmodi de te facte consentiens, petiturus illius confirmationis
munus, personaliter ad sedem apostolicam accessisti ac deinde, in nostra presentia constitutus, in manibus nostris renuntiasti spontaneus omni juri, quod
tibi fuerat ex hujusmodi electione seu postulatione quesitum. Nos autem,
quibus ecclesiarum omnium cura imminet generalis, hujusmodi renuntiatione
recepta et a nobis etiam acceptata, de ipsius Rigensis ecclesie ordinatione
tanto sollicitius cogitantes, quanto eam considerabamus ex causis variis provisione hujusmodi specialius indigere, ac ideo cupientes illum eidem ecclesie
preesse pontificem, de quo nobis probabilis [veri]similitudo [a] suggeret, quod
ipsum clara meritorum insignia redim[i]rent [b], in cujus fide fida recumberet
securitas subditorum, ad personam tuam direximus oculos nostre mentis,
quem nobis et fratribus nostris de litterarum scientia, morum maturitate,
prudentia spiritualium et temporalium providentia fidedigna testimonia commendarunt, et ipsius ecclesie utilitate pensata, de consilio eorundem fratrum
nostrorum te prefate Rigensi ecclesie in archiepiscopum pref[e]cimus [c] et pastorem tibique munus consecrationis propriis manibus duximus iupendendum et sub-
sequenter palleum de corpore beati Petri sumptum, insigne videlicet pontificalis officii, a te cum ea, qua decuit, instancia postulatum, tibi fecimus exhiberi,
firma spe fiduciaque tenentes, quod eadem ecclesia Deo auctore per tue
industrie ac circumspectionis fructuosum studium preservabitur a dispendiis et
spiritualibus et temporalibus proficiet incrementis. Tolle igitur jugum Domini
tam leve collis humilibus quam suave et in dilectione Dei pascendum suscipe
gregem ejus, super quem noctis vigilias diligens sollicitusque custodi, ut liber
non pateat aditus invasori et Dominus insuspicabili ora venturus, si te invenerit sic agentem, cursu consumato, qui tuo labori preponitur, eorum fide
servata, que tue sollicitudini committuntur, te fidelem compertum in modico
supra multa constituat ac in dilecta sua tabernacula introducat. Datum
Laterani 14. kalendas Maji anno primo.

43. *P. Bonifaz VIII. an den apostolischen Nuntius und päpstlichen Caplan
Isarn de Fontiano: beauftragt ihn, den vom Kg. Erich von Dänemark
uncanonisch zum Bf. von Reval ernannten Predigerbruder Kanut und
alle an der Wahlangelegenheit betheiligten Personen anzuhalten, binnen
vier Monaten nach geschehener Ladung vor dem Papst zu erscheinen.
Rom, 1295 Nov. 5.*

R aus dem Registrum Bonifaz VIII. Bd. 47 fol. 116 b n. 512.
Auszug bei Thomas, Les Registres de Boniface VIII Bd. 1 S. 178 n. 511.

a) similitudo R.   b) redimerent R.   c) prefecimus R.

Dilecto filio Ysarno de Fontiano¹ archipresbytero Car-
cassonensi, capellano nostro, apostolice sedis nuntio.

Deduxit ad nos fidedigna relatio, quod pridem carissimus in Christo
filius noster E[ricus] rex Datie illustris ad Revalensem ecclesiam pastore
vacantem dilectum filium fratrem Canutum lectorem A[r]osiensem ᵃ ordinis
predicatorum Lundensis diocesis de facto in episcopum postulavit², credens
id sibi ea forsan ratione licere, quod clare memorie W[aldemarus] rex Datie,
qui terram Revaliensem de manibus paganorum eripiens et acquirens cultui
christiano, dictam ecclesiam erexit de bonis propriis et dotavit, et successores ejus extunc in prefata ecclesia, ut dicitur, pontifices elegerunt, nec
habens forte notitiam, quod felicis recordationis Urbanus papa quartus predecessor noster electionem, quam bone memorie . . regina Datie, que regem,
natum suum tunc impuberem, et regnum Datie gubernabat, de quondam
Thrugo[to]ᵇ tunc canonico Roskildensi, hujusmodi credulitate seducta, ad
eandem ecclesiam de facto fecerat, de fratrum suorum consilio cassavit et
irritavit et cassam et irritam nuntiavit, cum jus hujusmodi non cadat in
laicum nec possit consuetudine aliqua perlonga quantu[m]libetᶜ introduciᵃ,
quodque dictus frater pretextu postulationis hujusmodi, si postulatio dici potest,
impudenter in eandem ecclesiam se intrusit, administrando nichilominus bona
ejus, que quidem, si veritati subserviant, non sunt tradenda neglectui, set
limam apostolice correctionis exposcunt. Quocirca discretioni tue per apostolica scripta mandamus, quatinus de hiis inquisito sollerter, si per famam
publicam vel alias compereris, quod idem frater sic postulatus in eandem
ecclesiam se intruserit aut procuraverit intrudi seque administrationi bonorum
ejus ingesserit, ipsum suosque in hac parte fautores ac omnes, quorum interest,
per te vel alium seu alios ex parte nostra peremptorie citar[i]ᵈ eisque
injung[i]ᵉ sub excommunicationis pena, quam eo ipso incurrant, si hujusmodi
citationi et mandato neglexerint parere, procures, ut infra quatuor mensium
spatium post citationem et mandatum tuum iidem frater et fautores ejus
personaliter, reliqui vero per se vel procuratores ydoneos apostolice sedis
conspectui [se] ᶠ representent, nostris mandatis et beneplacitis humiliter parituri
ac facturi et recepturi, quod justicia suadebit, nobis per tuas litteras harum
seriem contiuentes, quod inde feceris, intimando. Datum Rome apud Sanctum
Petrum nonis Novembris anno primo.

44. *P. Bonifas VIII. an den livländischen Ordensmeister Gotfrid: gestattet
ihm, sich seinen Beichtvater zu erwählen. Anagni, 1300 Mai 4.*
Aus dem Registrum Bonifaz VIII. Bd. 49 fol. 312ᵇ n. 197.

a) Acsiensem R.   b) Thrugo R.   c) quantulibet R.   d) citare R.
e) injungere R.   f) fohlt R.
¹) Ohne Zweifel der spätere EBf. von Riga.   ²) Vgl. UB. 6 n. 2761.
³) UB. 1 n. 379.

'Fratri Gottifrido magistro hospitalis sancte Marie Theotonicorum Jerosolimitani.

Ut per confessionis lavacrum in animo tuo possis nitidum habitaculum Domino preparare, tuis supplicationibus inclinati, tibi auctoritate presentium indulgemus, ut aliquem sacerdotem ydoneum, religiosum vel secularem, in tuum eligere valeas confessorem, qui audita confessione tua, quotiens oportunum fuerit, pro commissis tibi penitentiam salutarem injungat et super hiis auctoritate nostra beneficium debite absolutionis impendat. Nulli ergo etc. nostre concessionis etc. Datum Anagnie 4. nonas Maji anno sexto.

45. P. Bonifaz VIII. an Isarn, EBf. von Riga: ertheilt ihm die Befugniss, zwei öffentliche Notare zu creiren. Anagni, 1301 Mai 12.

Aus dem Registrum Bonifaz VIII. Bd. 50 fol. 30 ª n. 125.

Venerabili fratri Ysarno archiepiscopo Rigensi.

Ex parte tua fuit nobis humiliter supplicatum, ut cum personarum, que contractus legitimos, acta judiciorum et alia hujusmodi redigant in publica documenta, sepe defectus in tua civitate et diocesi habeatur, providere super hoc paterna sollicitudine curaremus. Nos itaque tuis supplicationibus inclinati, concedendi tabellionatus officium duabus personis, quas ad illud post diligentem examinationem ydoneas esse repereris, ab eis juramento juxta formam presentibus annotatam recepto, plenam tibi concedimus auctoritate presentium facultatem. Forma autem juramenti, quod ipsarum personarum quelibet prestabit, talis est: Ego . . juro, quod ab hac hora inantea fidelis ero beato Petro et sancte Romane ecclesie ac domino pape Bonifacio et successoribus ejus canonice intrantibus. Non ero in consilio etc., ut in forma usque in finem. Datum Anagnie 4. idus Maji anno septimo.

46. P. Benedict XI. an Friedrich, Electen von Riga: ertheilt ihm die Erlaubniss, zum Zwecke der Erledigung seiner Geschäfte beim apostolischen Stuhle, ein Anlehen von 2000 Goldgulden zu machen. Rom, 1304 März 3.

Aus dem Registrum Benedict XI. Bd. 51 fol. 93ª n. 896.

Regest bei Grandjean, Le Registre de Benoit XI Bd. 1 S. 303 n. 455.

Dilecto filio fratri Frederico electo Rigensi.

Cum, sicut in nostra proposuisti presentia constitutus, tam pro tuis necessariis quam pro ecclesie Rigensis negotiis apud sedem apostolicam expediendis utiliter te subire oporteat magna onera expensarum, nobis humiliter supplicasti, ut usque ad summam duorum milium florenorum auri mutuum contrahendi sub modis et formis infrascriptis, sine quibus creditores te putas invenire non posse, tibi largiri licentiam dignaremur. Nos igitur de tua tam in hiis quam in aliis circa tua et ipsius ecclesie Rigensis negotia utiliter promovenda et expedienda circumspectione ac diligentia confidentes et nolentes, quod propter ipsarum expensarum defectum indigentiam patiaris vel quod eadem negotia inexpedita remanere contingat, tuis supplicationibus inclinati, discretioni tue contrahendi mutuum propter hoc usque ad predictam summam duorum milium florenorum auri nomine tuo et ipsius ecclesie Rigensis ac te ipsum et successores tuos et predictam Rigensem ecclesiam necnon tua et eorundem bona mobilia et immobilia, presentia et futura, usque ad summam hujusmodi propterea creditoribus obligandi, usuris omnino cessantibus et renovatione, etc. ut in forma. Datum Laterani 5. nonas Martii anno primo.

47. P. Benedict XI. an Friedrich, EBf. von Riga: gestattet ihm, zwei öffentliche Notare zu ernennen. Perugia, 1304 Mai 11.

Aus dem Registrum Benedict XI. Bd. 51 fol. 186 ª n. 816.

Venerabili fratri Frederico archiepiscopo Rigensi.

Habet in nobis tue devotionis sinceritas, ut personam tuam favorabiliter prosequentes, eam specialibus gratiis honoremus. Hinc est quod nos tuis supplicationibus inclinati, fraternitati tue concedendi tabellionatus officium duabus personis, quas ad illud post diligentem examinationem per te faciendam ydoneas esse repereris, plenam auctoritate presentium tribuimus facultatem, recepto prius a personis ipsis juxta formam annotatam presentibus juramento. Forma autem juramenti, quod ipsarum personarum quelibet prestabit, talis est: Ego . . juro, quod ab hac hora inantea fidelis ero beato Petro et sancte Romane ecclesie ac domino pape Benedicto et successoribus ejus canonice intrantibus. Non ero in consilio etc., ut in forma usque in finem. Datum Perusii 5. idus Maji anno primo.

---

48. Rechnungsablegung des päpstlichen Collectors Jacobus de Rota über den von gewissen Stiftern der Curie zu entrichtenden Zins und die Annaten von den während der dreijährigen päpstlichen Reservation vacant gewordenen geistlichen Beneficien, welche von ihm in der bremischen und rigischen Kirchenprovinz eingesammelt worden. [1319 zweite Hälfte.]

B aus den Rationes Collectoriae Hungariae Bd. 183 fol. 1—2, Originalaufzeichnung, Pap., am oberen Rande vermodert.

Die Beitreibung fand statt in der ersten Hälfte des in der Rechnung auch erwähnten Jahres 1319 (UB. 6, Regg. S. 37 n. 784 ª).

Beachtenswerth sind in diesem Stücke u. A. die Angaben über das Verhältniss der marca argenti Rigensis zur marca argenti puri Rigensis und zur marca argenti puri Lubicensis.

In Dei nomine amen. Cum sanctissimus pater, dominus noster papa, . . . targa et Matfredum de . . . tensis dyocesis clericum ad . . . beneficiorum vacantium camere . . . destinasset et fuerit ordinatum pro utilitate . . .

prefatus in duabus provinciis, videlicet Rigensi et Bremensi, [colle]gis meis
ea in aliis provinciis excequentibus, idcirco de collectione . . . . [ego] Jacobus
facio computum et rationem sub forma infrascripta [primo de] provincia Rigensi, ubi 8 episcopatus exsistunt, singulariter de quolibet episcopatu [red-
dens] computum et rationem, et primo de ipso episcopatu Rigensi.

Et est sciendum, quod in tota provincia Rigensi non potuit reperiri
census aliquis debitus sancte Romane ecclesie, licet fuerit inquisitum.

In provincia vero Bremensi inquisitione facta diligenti, prout melius
fieri potuit, de quolibet episcopatu, non potuit aliquis census debitus reperiri,
excepto ipso episcopatu Bremensi, in quo repertum est monasterium quoddam vocatum in Hersevelde, quod tenetur dare singulis annis sancte Romane
ecclesie unum bisentinum auri, pro quo censu solvit mihi Jacobo de Rota[1]
recipienti nomine Romane ecclesie anno Domini 1319 pro quinque annis, de
quibus tenebatur solvere post datam litterarum domini Willelmi Meschini
tunc vicecamerarii super solutione retroacti temporis datarum et concessarum,
pro quibus 5 annis solvit mihi Jacobo predicto dictum monasterium 50 grossos Turonensis argenti, dando et solvendo 10 grossos pro singulis bisentinis,
quia sic inveniebatur bisentinus extimatus et sic solver[u]nt[a] temporibus re-
troactis. Summa igitur census percepti de istis duabus provinciis Rigensi
et Bremensi per me Jacobum de Rota collectorem predictum est in universo
50 gross[i][b] Turonensis argenti.

Item . . . [8 mrc.] argenti puri et ponderis Rigensis. Item . . . 2 mrc.
arg. puri ponderis Rig. Item in primo anno reservationis vacavit ecclesia
sancti Petri in Riga . . . et solvit 10 mrc. arg. puri ponderis Rig. Item
vacavit ecclesia in . . nich per mortem et solvit 9 mrc. arg. puri ponderis
Rig. Item vacavit ecclesia in Kerkolme et solvit 3 mrc. arg. puri ponderis
Rig. Item in secundo anno reservationis fuit vacans ecclesia de [Th]o-
reyda[c] per mortem et solvit 4 mrc. arg. puri ponderis Rig. Item vacavit
ecclesia in Kubezala et solvit 6 mrc. arg. puri ponderis Rig. Item vacavit
ecclesia in Ledegha[2] et solvit 2 mrc. arg. puri ponderis Rig. Item in isto
secundo anno vacavit ecclesia in Trikaten per mortem et solvit 8 mrc. arg.
puri ponderis Rig. Item in tertio anno vacavit ecclesia in Yskesbusen[3] et
solvit 2 mrc. arg. puri ponderis Rig. Item advocatia castri de Cremon vacans solvit 18 mrc. arg. puri ponderis Rig. Summa omnium receptarum
istius Rigensis episcopatus 72 mrc. arg. puri ponderis Rig.

Unde sciendum est, quod argentum Rigense non est purum argentum,
et ad hoc quod marcha argenti Rigensis efficiatur pura vel puri argenti Rigensis, semper ad quamlibet marcham additur unus loto, hoc hic est 16[a]
pars marche; et tunc addita 16[a] parte efficitur et dicitur marcha puri argenti

---

a) solverunt *R.*   b) grossos *R.*   c) Koreyda *R.*

1) *Vgl. UB. 2 n. 765.*   2) *Ledegore, jetzt Loddiger.*   3) *Nicht nachweisbar.*

Rigensis. Et sic predicte 72 mrc. arg. puri ponderis Rig. valent 76 mrc. cum dimidia argenti non purificati ponderis Rigensis. Ista summa conputatur in summa totali. Sequitur de episcopatu Tharbatensi. In primis primo anno vacavit quedam major prebenda in ecclesia kathedrali per mortem domini Herbordi et solvit 30 mrc. puri argenti Lubicensis valentes 37 mrc. [cum dimidia arg. et ponderis Rig.] Item eodem primo anno vacavit minor prebenda per adoptationem factam de predicta majori et solvit 25 mrc. arg. Rig. et ponderis. Item eodem primo anno vacavit ecclesia in Capescever¹ per mortem et solvit 6 mrc. arg. et ponderis Rig.ᵃ Item in isto primo anno fuit [vacans]ᵇ in ecclesia kathedrali quedam puerilis prebenda et solvit 2 mrc. cum dimidia arg. Rig. et ponderis. Item in secundo anno reservationis in ecclesia kathedrali Tharbatensi vacavit custodia per mortem et solvit 3 mrc. arg. puri ponderis Lubicensis valentes 3 mrc. et 3 fertones arg. Rig. et ponderis. Item eodem anno secundo vacavit in ipsa kathedrali ecclesia minor prebenda per mortem dicti custodis et solvit 25 mrc. Rig.ᵃ arg. et ponderis. Item eodem anno secundo vacavit in ipsa kathedrali ecclesia Tharbatensi prebenda minor per adoptationem factam de predicta majori et solvit 12 mrc. cum dimidia Rig. arg. et ponderis. Item vacavit ecclesia de Velin per resignationem et super expensis pro ea factis, 2 mrc. cum dimidia, solvit 20 mrc. Rig. arg. et ponderis. Item in ecclesia kathedrali vacavit vicaria domini Johannis de Nughen per resignationem et solvit 4 mrc. Rig. arg. et ponderis. Item in tertio anno reservationis vacavit ecclesia Domine Nostre in civitate Tharbatensi per mortem et solvit 11 mrc. 3 fertones arg. Rig. et ponderis. Item de una puerili prebenda in ecclesia kathedrali Tharbatensi et de una ecclesia vocata, ut credo, Wemela², ignorante domino episcopo Tharbatensi, propter quod in litteris suis fuit omissum, recept[e]ᶜ 9 mrc. 1 ferto arg. Rig. et ponderis. Summa omnium recept[a]rumᵈ istius Tharbatensis diocesis 157 mrc. 1 ferto arg. ponderis Rig.

. . . 67 mrc. arg. Rig. et ponderisᵉ . . .

Sequitur recepta de episcopatu Curoniensi. In isto episcopatu vacavit una sola ecclesia in toto triennio reservationis domini nostri pape [per mortem et]ᵉ solvit 4 mrc. arg. Rig. et ponderis.

[Hierauf folgt das Bisthum Samland.]

49. Inventar über die vom EBf. [Friedrich] von Riga hinterlassenen Bücher, Kleidungsstücke, Kirchengewänder und Kleinodien. [Avignon, 1341 gegen Ende.]

a) Rigenensis R.   b) fehlt R.   c) recepdae R.   d) receptorum R.
e) et per mortem R.
¹) Nicht nachweisbar.   ²) Waimel, Kr. Werro, Ksp. Pölwe.   ³) Wahrscheinlich die Summe der Einnahmen aus dem Stift Oesel.

R aus dem Registrum Innocenz VI., Annus 1 pars 2 tom. 2 fol. 250 ª. Auf fol. 249ᵇ findet sich dazu die Bemerkung: Archiepiscopi Rigensis, ut dicitur, libri positi sunt cum Rigensibus et eciam vaxella ª. Da diesem Stücke das Nachlassinventar des Bf. Bartholomaeus von Fréjus, der 1341 März 5 starb, vorausgeht, und das P. Benedict XII., dessen Tod 1342 Apr. 25 füllt, ihm folgt, ist bei Annahme chronologischer Folge dasselbe dem EBf. Friedrich zuzuweisen, der 1341 vor Oct. 18 zu Avignon verschieden ist. Weil die Inventare dieses Bandes indess nicht überall streng nach der Zeitfolge geordnet sind, beispielsweise zu Anfang die Jahre 1349, 1348, 1345, 1348 und 1347 mit einander wechseln, käme hier möglicher Weise auch der EBf. Engelbert von Dolen, der 1348 vor März 17 zu Avignon starb, in Betracht.

Sequntur libri quondam archiepiscopi Rigensis[1]. Primo una biblia, que incipit in secundo folio: tes inter mulierculas; apparatus Joannis monachi super sexto decretalium, incipit ut supra: in medio; ystorie scolastice, incipiunt ut supra: ligna et lapides; digestum vetus incipiens ut supra: datum est ei; apparatus Joannis Andree super sexto decretalium incipiens ut supra: requisitus ab; instituta, incipiunt ut supra: hinc descendit; scriptum fratris Thome super libro ethicorum, incipit ut supra: et ars, quia presencia; postilla super libro Iob, incipit ut supra: quod tempore legis; textus sexti libri decretalium, incipit ut supra: mus prompto; octo parvi quaterni de miseria hominis; primus liber sentenciarum, incipit ut supra: sit creatura; liber sentenciarum, incipit ut supra: dinanda est ad; sermones, incipiunt ut supra: in Luce 22; modic[i][b] flores sanctorum, incipiunt ut supra: nativitatem Domini; doctrinale modici valoris, incipit ut supra: namque tenent; unus liber de subtili littera, incipit ut supra: cursus solis; plures quaterni diversarum materiarum et formarum, tam in pergameno quam papir[o][c]; unum breviarium, incipit ut supra: meam et gloriam; unum vademecum, incipit ut supra: fratres scientes. — Concordat.

Item decem mappe; quatuor longerie; novem mappe parate; unum faldistorium de tela; quinque vela sive capitergia. — Concordat.

Item decretum incipiens ut supra: ut vir fortis; archidiaconus incipiens ut supra: nec quod ad hec credo; summa Gaufridi, incipit ut supra: attenditur nam lex; sextus liber decretalium, incipit ut supra: inposterum refutavit; summa Ambrosii super titulis decretalium, incipit ut supra: Florentinum; decretales magni voluminis, incipiunt ut supra: ti in unum; Clementine cum apparatu, incipiunt ut supra: que nostrum et fratrum; alie Clementine cum apparatu, incipiunt ut supra: tre per apostolica scripta; suffragium monachorum, incipit ut supra: item dicit lex; quedam lectura super jure canonico, incipit ut supra: hominum et ob hoc; alia lectura super decretalibus, incipit ut supra: personas ecclesie. — Concordat.

a) vassella *l*   b) modice *R.*   c) papiru *R.*

[1) *Eine die Büchersammlung des EBf. Friedrich von Riga betreffende Urkunde s. im* UB. 6 n. 2798.

Sequntur ornameuta et panni capelle condam archiepiscopi Rigensis.
Primo una cassula, duo pluvialia, unum cum botonibus ᵃ et aliud sine, due
dalmatice, due tunicelle cum aurifrisiis suis, copertorium cathedre cum sen-
daliis et sotularibus, totum de diaspro viridi; una zona de serico viridi li-
strata filis aureis, paramentum cathedre de diaspro viridi fulratum ᵇ sindone
crocea, unum antealtare de diaspro viridi et rubeo cum sua tobalia altaris
de tela operata de filo albo. — Viridis coloris.

Item una cassula cum aurifrisiis ad ymagines, due cassule cum aurifrisiis
planis, duo pluvialia, quorum unum est cum quinque botonibus de perllis, una dalmatica, una tunicella, cendalia cum sotularibus, totum de diaspro violaceo;
item tres cassule, duo pluvialia, in quorum altero sunt quinque botones, duo
de perllis et tres de argento deaurato, due dalmatice, due tunicelle cum suis
aurifrisiis de samito violaceo. — Coloris violacei.

Item una cassula, unum pluviale, in quo sunt quinque botones argenti
deanrati, una dalmatica, una tunicella, sendalia cum sotularibus, de samito
nigro; due stole et tres manipuli, tres zone nigre de serico, paramentum
cathedre de sindone nigra fulratum de sindone viridi, aliud paramentum
cathedre de panno aureo listratum de sindone nigra, una toballia pro copertura altaris cum frontali de sindone nigra, unum antealtare de sindone nigra
fulratum de sindone viridi cum sua mappa de filo. — Coloris nigri. — Concordat.

Item una cassula, unum pluviale cum quinque botonibus perllarum,
aliud pluviale sine botonibus, due dalmatice, due tunicelle, sendalia cum
sotularibus, paramentum cathedre, una copertura cussineti altaris, de diaspro
rubeo; faldistorium de sindone rubea operatum ad ymagines et fulratum de
sindone viridi, una toballia altaris de serico rubeo, una toballia de tela operata cum frontali ad ymagines, unum paramentum cathedre de velveto rubeo
operatum filis aureis, fulrat[um] ᶜ tela crocea. — Rubei coloris.

Habet dominus G. Bucer pro domino notario unam casulam, pluviale,
dalmaticam et tunicellam, unum cintorium ᵈ, 1 tobaliam de serico listratam de
auro et aliam listratam de serico.

Item una cassula, unum pluviale de panno aureo, una dalmatica, una
tunicella, de diaspro albo cum aurifrisiis; unum pluviale, due dalmatice, due
tunicelle, de samito albo; duo paramenta cathed[r]e ᵉ de diaspro albo, una
copertura unius cussineti ab una parte de diaspro albo et ab alia de velveto
viridi, unum novum antealtare de diaspro albo cum sua mapa altaris parata
de filo, una magna tobalia pro paramento mense de tela operata de filo;
novem stolle, undecim manipuli de pannis et filis cericis et aureis diversorum
colorum; quatuor zone sacerdotales de filis sericis, quatuordecim abbe' parate

a) bontonibus R.   b) foderatum /   c) fulratis R.   d) cinctorium /
e) cathede R.
¹) Fehlt bei Ducange.

cum 20 amicti[bu]s* paratis, unum antealtare de panno aureo Tartarico fulratum de sindone crocea cum sua mapa de tela. — Albi coloris. — Concordat. Amotis pro domino notario 1 stolla cum manipulo. Amotis pro domino notario 1 abba cum amictu paratis.

Sexdecim tobalie altaris de tela, tam operate de filo quam listrate filis cericis et aureis, due toballie de serico laborate et listrate filis aureis et sericis, due toballie de filis sericis diversorum colorum facte ad modum rethe, unus pannus aureus cum campo rubeo, alius pannus aureus ad ymagines, unum faldistorium de tela cadratum, laboratum filis sericis nigris et rubeis, una modica amphora de argento pro tenendo balsamum cum uno graffo[b] seu stillo, una simplex bericla de cristallo incastrata in argento cum repositorio de corio rubeo; du[o][c] pectines, duo specula de ebore cum suis repositoriis de corio. Amotus fuit 1 pecten cum speculo et repositorio suo de corio pro domino nostro papa.

Item duo paria cirothecarum pontificalium aurifrisiat[a]rum[d] cum perllis et esmatis* in medio; alia duo paria cirothecarum aurifrisiat[a]rum[d] cum esmatis* in medio; quatuor acus pro pallio de auro, qu[i]libet[f] cum uno lapide in medio et 6 perllis in circumferencia; novem acus de argento, tres videlicet qu[i]libet[g] cum uno lapide in summitate, tres cum floribus lilii desuper, et ali[i][h] tres cum floribus vinee in summitate; duo pectoralia, quo[d]libet[f] cum duobus botonibus perllarum et tribus de argento deaurato; unus anulus pontificalis de auro cum magno saphiro in medio, quatuor perllis grossis et quatuor balaciis[i] in circumferencia et pluribus parvulis lapidibus — habet dominus thesaurarius, restitutus fuit post mortem; alius anulus pontificalis argenti deaurati cum quatuor lapidibus viridibus, quatuor parvis lapidibus rubeis et uno lapide coloris asurei in medio; alius anulus pontificalis argenti deaurati cum quatuor perllis, quatuor granatis rubeis et uno lapide viridi in medio; alius anulus pontificalis de auro cum 24 parvis perllis, quinque balaciis et 12 smarardis[1]; alius anulus pontificalis de auro cum 24 parvis perllis, quinque smarardis et quatuor granatis in medio perllarum; una crux cum cathena argenti deaurati, in qua sunt 15 perlle, quinque smarardi et quatuor granati cum 15 parvis lapidibus asureis ab una parte et ab alia est per totum esmalhata, et in ejus cathena sunt quatuor perlle. Premissa sunt in uno coffro de corio membrato [et][k] de argento cum serratura et clave de argento. — Concordat.

Item 11 mappe, due mappe in una pecia, 19 tam longerie quam manutergia, novem manutergia in una pecia, 15 roqueti, 11 superpellicia.

a) amictis R.   b) graphio /   c) doe R.   d) aurifrisiatorum R.   e) esmahis /
f) quolibet R.   g) qualibet R.   h) alia R.   i) ris R.   k) fehlt R.

1) Bei Ducange nicht aufgeführt.

Item de bonis dicti archiepiscopi Rigensis. Una mitra de perllis aurifrisiata ad ymagines, alia mitra aurifrisiata sine perllis, alia mitra de diaspro albo cum aurifrisiis, alia mitra cum esmatis, perllis et pluribus lapidibus, sex tobalie de serico, quarum quatuor sunt listrate in capitibus filis aureis et sericeis; quatuor tobalie de ligno [et]ᵃ tela; una tobalia de serico nigro.

Item una crux cum catbena argenti deaurati ab utraque parte et esmalhata, cum crucifixo ab una parte et ab alia cum agno Dei et quatuor evangelistis. Premissa posita fuerunt in uno repositorio de mitra. — Concordat.

50. *Bf. Ludwig von Reval wird für Entrichtung der ergänzenden Abgaben an die apostolische Kammer quittirt. Avignon, 1354 Jan. 28.*

Aus dem Registrum Innocenz VI., Annus 1 pars 2 tom. 2 fol. 358ᵃ (päpstliches Cameralregister).

Ecclesie Revaliensis complementum.

Universis etc., quod dominus Ludovicus episcopus Revaliensis pro complemento sui communis servicii, in quo erat etc., septuaginta quinque florenos auri prefate camere necnon et pro complemento quatuor serviciorum etc. undecim florenos 2 sol. et 8 den. clericis camere per manus magistri Detlovi Starmerᵇ canonici ecclesie Caminensis tempore debito solvi fecit, de quibus etc. In cujus etc. Datum Avinione die 28. mensis Januarii anno, indictione et pontificatu predictis (anno 54ᵃ, pontificatus anno 2).

51. *Der lübische Domherr Gotfrid Warendorp ersucht P. Urban V., ihm die durch P. Innocenz VI. verliehene dörptsche Domherrnstelle und Präbende zu bestätigen, nachdem in der früheren Supplik des Bittstellers ein zu erwähnender Umstand übergangen war. [1362 Nov. — 1363 Juli 20.]*

R aus dem Supplikenregister Urban V., Annus 1 pars 4 fol. 33 ᵃ.
Findet sich mit einigen unwesentlichen Abänderungen nochmals Annus 1 pars 3 fol. 241 ᵇ.
Über das päpstliche Supplikenregister vgl. Munch, Aufschlüsse über das päpstliche Archiv, übersetzt von Löwenfeld, S. 69 f.

Item cum felicis recordationis dominus Innocentius papa VI. predecessor vester Godfrido Warendorp de canonicatu et prebenda ecclesie Tarbatensis vacante per mortem Johannis Gwillaberti in Romana curia defuncti providerit, et idem Godfridus timeat, dictum Johannem collectorem camere apostolice tempore obitus sui et ante fuisse[1], de quo in supplicatione ipsius G[odfridi] mencio minime habebatur, supplicat sanctitati vestre idem Godfridus, quatenus provisio[nem]ᶜ hujusmodi domini Innocentii premissis non obstantibus dignemini ratam et gratam habere et ex certa scientia confir-

a) *fehlt R.*   b) *Scarmer ?*   c) *provisio R.*
[1] *Vgl. UB. 3, Regg. S. 61 n. 1102ᵃ.*

mare vel sibi de novo providere, non obstante, qnod in ecclesia Lubicensi canonicatum et prebendam obtineat, cum ceteris non obstantibus et clansnlis oportnnis[1].

52. *Kg. Waldemar IV. von Dänemark ersucht P. Urban V. um Ausfertigung der Bullen, durch welche dem Dietrich Vrese eine dörptsche Domherrnstelle verliehen und die Exspectanz auf eine grössere Präbende eröffnet werde. Genehmigt vom Papst. Avignon, 1364 Mai 15.*

R aus dem Supplikenregister Urban V., Annus 2 pars 2 fol. 171 *.
In Betreff der darauf an Vrese erlassenen päpstlichen Bulle vgl. UB. 6, Regg. S. 60 n. 1187 *.

Pater sanctissime. Cum nuper sanctitati vestre fuerit supplicatum, quatenus Thiderico Vresen canonico Tarbatensi de canonicatu sub exspectatione prebende etiam majoris ecclesie Tarbatensis provideritis, ipsaque supplicatio vestra beata manu extiterit signata et propter stilum cancellarie littere, quoad majorem prebendam, transire non poss[i]nt *, humilime supplicat sanctitati vestre devotus filius vester Woldemarus Dacie rex, quatenus sanctitas vestra dignetur litteras super premissis conficiendas ad majores prebendas cum omnibus non obstantibus et clausulis in ipsa supplicatione per sanctitatem vestram signata contentis et sub data ipsius supplicationis mandare expediri.
Fiat B[2]. Datum Avinione idibus Maji anno secundo.

53. *P. Bonifaz IX. an Dietrich Tholke[3], Electen von Reval: nachdem der Papst schon bei Lebzeiten des Bf. Johann von Reval sich die zukünftige Besetzung des Stifts vorbehalten habe, ernennt er den Adressaten, canonicum dicte ecclesie,* in sacerdotio constitutum, *zum Nachfolger des inzwischen verstorbenen Bf. Johann. Rom, 1403 Juli 2* (apud Sanctum Petrum sexto nonas Julii anno quartodecimo).

Archiv der Dataria (im Lateran), Bonifacii IX. Annus 14 fol. 264 b.
Es folgen mit den bekannten Abkürzungen die m. m. gleichlautenden Ausfertigungen an das Capitel, den Clerus, das Volk in Stadt und Diöcese Reval, sowie an den EBf. von Lund.

54. *P. Bonifaz IX. an den Abt von Falkenau in der dörptschen Diöcese: da Johann Trossin, clericus, perpetuus beneficiatus* in ecclesia Tarbatensi, *das von ihm innegehabte perpetuum beneficium, succustodiam* nuncupatum, *aufzugeben gedenke und der Papst dem dörptschen Priester Iwan Re-*

a) possunt R.

1) Die päpstliche Entscheidung von 1363 Juli 20 s. im UB. 6 n. 2875.   2) Über die Form der päpstlichen Resolutionen und die Bedeutung dieses B. vgl. Munch, Aufschlüsse über das päpstl. Archiv, übers. von Löwenfeld, S. 73 f.   3) Also nicht Gronink; vgl. v. Toll und Schwartz, Brieflade 3 S. 310.

*rentlo wohlgeneigt sei, trägt er dem Abte auf, von Ersterem die Resigna-
tion zu empfangen und Letzteren in den Besitz der Pfründe, deren jährliche Einkünfte, wie verlaute, 6 Mark Silber nicht überstiegen, einzuführen.* Rom, 1404 Jan. 8 (apud Sanctum Petrum sexto idus Januarii
anno quintodecimo).

Archiv der Dataria (im Lateran), Bonifacii IX. Annus 15 fol. 65 ᵇ.

55. *P. Eugen IV. an den Abt von Falkenau: nachdem zwischen Johann
Somer, Vicar an der Kapelle des h.* Georg extra muros opidi Wenden,
*und Johann von Tateren, mainzer Cleriker, über die durch den Tod des
Egbert Cruse erledigte dörptsche Domherrnprälende Nügger Streit entstanden, indem beide auf dieselbe Anspruch zu haben vermeinten, und die
Entscheidung durch P. Martin V. dem Auditor Johann de Fabrica über-
tragen sei, habe neuerdings Tateren auf die Pfründe Verzicht geleistet.
Ertheilt dem Abte in Folge dessen den Auftrag, falls er den Somer ge-
eignet befände, denselben in den Besitz der Domherrnstelle und Pfründe,
deren jährliche Einkünfte 5 Mark Silber angeblich nicht überstiegen, einzuführen.* Rom, 1432 Jan. 14 (apud Sanctum Petrum 19. kalendas Februarii anno primo).

*Archiv der Dataria (im Lateran), Eugenii IV. Annus 1 liber 12 fol. 307 ᵃ.
Vermerk oben am rechten Rande: N. Volrat.*

Im Verlage von **J. Deubner** in **Riga** sind erschienen:

Urkundenbuch, Liv-, Est- und Curländisches. Begründet von F. G. von Bunge, im Auftrage der baltischen Ritterschaften und Städte fortgesetzt von Hermann Hildebrand. — Band VII. Preis broch. 8 Rbl.

Urkundenbuch, Liv-, Est- und Curländisches. — Band VIII. Preis broch. 8 Rbl.

Toll, Baron Robert von, Est- und Livländische Brieflade. III. Theil. Chronologie der Ordensmeister über Livland, der Erzbischöfe von Riga und der Bischöfe von Leal, Ösel-Wiek, Reval und Dorpat. — Preis broch. 3 Rbl.

Falck, P. Th., Register zur Est- und Livländischen Brieflade. II. Theil, Band I und II. — Preis broch. 1 Rbl. 75 Kop.